乡村振兴齐鲁样板烟台篇章

烟台市乡村振兴蓝皮书

2022

常　亮　林嘉新　宋秀英　等　编著

烟台市·中国社科院农村发展研究中心
山东工商学院山东省特色乡村振兴战略研究创新团队
组编

中国农业出版社
北　京

2022

编委会

总顾问：白光昭

主　任：高言进

副主任：宫本俊　于秀琴　董　艳　孔军杰

委　员：徐东森　袁居新　常　亮　林嘉新　宋秀英

参加人员（排名不分先后）：

张蒙蒙　李东隅　曹永勋　邢宝山　刘学军　郑　辉　董仁浩
郭对田　杨小沛（莱山）　车军光（牟平）　于文健（福山）
孙培松（芝罘）　马鲁峰（开发）　张军涛（昆嵛）　程艳梅（蓬莱）
袁承东（长岛）　石坚伟（莱州）　刘治峰（招远）　李光会（龙口）
衣志伟（栖霞）　孟兆良（海阳）　李海波（莱阳）　许　洁（芝罘）
郭晓伟（福山）　王建刚（莱山）　安　坤（牟平）　孙进杰（蓬莱）
王文才（蓬莱）　胡金涛（开发）　姜法祥（农科院）刘　伟（农科院）
杨懋懋（昆嵛）　丁子桐（昆嵛）　王中伟（长岛）　游泽泉（莱州）
潘军龙（莱州）　王　燕（招远）　步娇婕（招远）　李晓飞（招远）
李　伟（龙口）　高永东（栖霞）　杨坚群（栖霞）　赵　媛（海阳）
肖　磊（莱阳）　肖义媛（长岛）　卢常林（长岛）　刘　洁（农科院）
张瑞蒲（昆嵛）　马　骁（芝罘）　徐福祥　刘振滨　朱文双　豆书龙
张云惠　陈雨楠　杨　东　杨雨萱　赵莲芝　杨文娟　吴书华　王　瑜
王潇玉　吕晓艳　卢俊宇　牟晓卉　潘向阳　陈　锐　崔　硕　李春燕
王世杰　王雨婷　韩潍蔚　王　贵　白　娜

前言 FOREWORD

烟台市乡村振兴蓝皮书 2022

2018 年全国两会期间，习近平总书记参加山东代表团审议时提出了“五大振兴”的乡村振兴发展路径。五年来，山东省按照总书记的嘱托，深入打造“乡村振兴齐鲁样板”，成为全国首个农业经济总量破万亿元的省份，城乡社会发生了天翻地覆的变化，居民人均收入水平不断提高，群众生活的幸福感、安全感、获得感显著提升。

烟台市是山东省的经济大市和经济强市，城乡发展较为均衡，县域经济发达，农业一、二、三产业发展水平处于全国领先水平，2020 年的农业总产值突破 1 000 亿元，位居全省第一。2020 年以来，烟台市以习近平新时代中国特色社会主义思想为指导，在已有乡村振兴制度框架和政策体系基础上，进一步出台了《烟台市乡村振兴三年行动方案》及 22 个配套文件，构建起完备的政策支撑体系。2021 年是“十四五”规划的开始之年，烟台市在“十四五”规划当中提出要打造乡村振兴齐鲁样板示范市的政策目标。

山东省委书记林武参加省十四届人大一次会议烟台代表团审议时指出，烟台普惠性民生指标一直较好，有基础在共同富裕上先行先试。他强调，希望烟台做好共同富裕文章，努力打造民生幸福高地。要多元化增加群众收入，扎实做好稳就业、促增收工作；要均衡化提升公共服务，让发展成果更多更公平惠及广大群众；要精细化优化人居环境，因地制宜推进城市更新，打造宜居宜业和美乡村；要法治化加强社会治理，促进社会和谐稳定。按照省委的要求，烟台市正在全力冲刺万亿元国内生产总值（GDP），努力打造乡村振兴齐鲁样板示范市，并且力争在共同富裕方面先行先试，为山东省乃至全国的共同富裕实现提供烟台智慧和烟台方案。

《烟台市乡村振兴蓝皮书 2022》是烟台市·中国社科院农村发展研究中心和山东工商学院山东省特色乡村振兴战略研究创新团队联合开展的烟台市乡村振兴战略绩效评价重点课题成果，已经连续发布两年，旨在对烟台市乡村振兴战略实施情况进行连续年度评价，准确客观全面地展现烟台市乡村振兴战略实施的全貌。

全书包括总报告、专题报告、区县样板和镇村案例四个部分，总结了过去一年来烟台推进乡村振兴的进展情况，分析了烟台乡村振兴指标完成情况，展示了烟台各区县和镇村乡村振兴的基层实践，对重点产业的发展情况也进行了梳理和总结。既有对当前发展阶段的描述，也有对存在问题的分析和未来发展的建议。本书以蓝皮书的形式编著，旨在向社会各界介绍烟台市乡村振兴战略的推进情况，为各级党委和政府以及有关部门实施乡村振兴战略提供重要的决策参考。

本书在编著过程中得到了烟台市农业农村局、各县市区农业农村局和许多镇村领导的大力支持和积极配合，得到了有关部门和专家学者以及各界人士的指导和帮助，在此诚挚表示感谢！由于时间仓促、资料收集整理和数据核实难度大，水平有限，书中难免存在漏洞和不足，恳请广大读者批评指正。

编著者

2022 年 12 月 10 日

目 录 CONTENTS

烟台市乡村振兴蓝皮书 2022

I

总报告

PART ONE

共富烟台的乡村振兴必由之路

蓬莱市千亩有机葡萄园
（烟台市农业农村局供图）

实现共同富裕是社会主义的本质要求，而要实现共同富裕，乡村振兴是必经之路。实施乡村振兴战略，是烟台市走中国式现代化新道路，率先实现共同富裕的必由之路。共富烟台的乡村振兴特色道路，是建设更具竞争力的新时代现代化国际滨海城市的重要篇章。

一、乡村振兴与建设共富烟台的战略关联

2021 年 8 月 17 日，中央财经委员会第十次会议召开，习近平总书记在会上发表重要讲话时强调，共同富裕是社会主义的本质要求，是中国式现代化的重要特征。他指出，要促进农民农村共同富裕，巩固拓展脱贫攻坚成果，全面推进乡村振兴。2021 年 10 月 16 日出版的第 20 期《求是》杂志发表习近平总书记的重要文章《扎实推动共同富裕》。文章指出，促进共同富裕，最艰巨最繁重的任务仍然在农村。要全面推进乡村振兴，加快农业产业化，盘活农村资产，增加农民财产性收入，使更多农村居民勤劳致富。

2021 年，迎来了中国共产党成立 100 周年，也是烟台市如期全面建成小康社会的收官之年。实施乡村振兴战略，是有效解决全市人民日益增长的美好生活需要和发展不平衡不充分之间矛盾的必然要求，是加快烟台市由农业大市跨越转变为农业强市的必由之路，是重构新型城乡工农关系的迫切需要，是协同推进新型城镇化和县域经济发展的必然选择，是烟台市率先探索建设共同富裕美好社会的应有之路。

2021 年，烟台市委提出构建“1+233”工作体系，“1”是突出加强党建引领这一根本；“2”是抓好动能转换、乡村振兴两条工作线。探索烟台市全面推进乡村振兴实现共同富裕的有效路径，可以充分发挥烟台县域经济比较发达的优势，构建乡村振兴与共同富裕的有效融合机制，鼓励支持制度创新，促进县域经济高质量发展。如此，乡村振兴可以借助共同富裕的政策导向作用实现全面推进，而共同富裕又可以借力乡村振兴战略的实施机遇取得实质性进展，推动实现烟台市经济社会的高质量发展。

2022年5月，中国共产党山东省第十二次代表大会部署聚焦聚力新时代社会主义现代化强省建设的十二项重点任务，其中第四项任务“深入打造乡村振兴齐鲁样板，促进农民富裕富足”。作为山东经济大市的烟台市，责无旁贷应该在打造乡村振兴齐鲁样板，探索共同富裕的烟台路径方面走在全省前列。

2021年，烟台市第六次荣获全国文明城市，第九次荣获全国双拥模范城，第五次捧得“长安杯”，成为平安中国建设示范市，龙口、莱州获评首批县级全国文明城市，广大群众带着满满的幸福感迈入全面小康社会。烟台市城乡发展较为均衡，县域经济比较发达，农业加工业全省领先，乡村基础设施建设发展很快，普惠性民生指标一直较好，完全有基础在共同富裕上先行先试。

“十四五”规划时期，烟台市政府确立了“率先走在前”的奋斗目标，要求持续增强社会合力，勇当共同富裕之先锋。决心瞄准实现共同富裕战略目标，积极探索具有烟台特色的实践途径。全面推进乡村振兴，稳定粮食生产，发展富农产业，提高城乡居民人均可支配收入，率先建成乡村振兴齐鲁样板示范市，打造公益慈善之城，创新城乡社会治理，提升城乡公共服务均等化水平，是实现共同富裕目标的必由之路！

建设共富烟台，就是要积极回应群众对美好生活的向往，从群众最关心的地方做起，把群众最需要的事情做实，在一点一滴中让城乡居民感受到城市的温度和热度，让民生答卷写满获得感、幸福感、安全感，努力打造民生幸福高地。

二、推进乡村振兴实现共同富裕的理论基础

（一）共同富裕是社会主义的本质要求，是中国式现代化的重要特征

共同富裕是中国特色社会主义的本质要求，集中体现了我们党全心全意为人民服务的根本宗旨。习近平总书记深刻指出：“共同富裕是社会主义的本质要求，是中国式现代化的重要特征。”中国式现代化是全体人民共同富裕的现代化。共同富裕是中国特色社会主义的本质要求，也是一个长期的历史过程。我们坚持把实现人民对美好生活的向往作为现代化建设的出发点和落脚

点，着力维护和促进社会公平正义，着力促进全体人民共同富裕，坚决防止两极分化。

2021 年 2 月 25 日，习近平总书记在全国脱贫攻坚总结表彰大会上指出"'治国之道，富民为始。'我们始终坚定人民立场，强调消除贫困、改善民生、实现共同富裕是社会主义的本质要求，是我们党坚持全心全意为人民服务根本宗旨的重要体现，是党和政府的重大责任。"扎实推动共同富裕，充分彰显了中国共产党的性质宗旨和初心使命。奋进新征程，要把促进全体人民共同富裕作为为人民谋幸福的着力点、作为全面建成社会主义现代化强国的题中应有之义，坚持以人民为中心的发展思想，在高质量发展中促进共同富裕。

共同富裕，是马克思主义的一个基本目标，也是自古以来我国人民的一个基本理想。孔子说："不患寡而患不均，不患贫而患不安。"孟子说："老吾老以及人之老，幼吾幼以及人之幼。"《礼记·礼运》具体而生动地描绘了"小康"社会和"大同"社会的状态。马克思、恩格斯在《共产党宣言》中庄严指出："无产阶级的运动是绝大多数人的、为绝大多数人谋利益的独立的运动。"随着生产力的不断发展和社会财富的不断增长，未来社会"足以保证每个人的一切合理的需要在越来越大的程度上得到满足"。共同富裕是马克思、恩格斯所设想的未来社会的重要特征，共产主义社会将彻底消除阶级之间、城乡之间、脑力劳动和体力劳动之间的对立和差别，实行各尽所能、按需分配，真正实现社会共享、实现每个人自由而全面的发展。到那时，人类才能实现对公平正义的向往与追求，实现"生产将以所有的人富裕为目的""所有人共同享受大家创造出来的福利"。

共同富裕是社会主义的本质要求。列宁强调，只有社会主义能够"使所有劳动者过最美好的、最幸福的生活"。中国共产党作为无产阶级政党，始终以马克思主义为指导，坚持共产主义理想和社会主义信念。邓小平在南方谈话中指出："社会主义的本质，是解放生产力，发展生产力，消灭剥削，消除两极分化，最终达到共同富裕。"这一概括完整地阐释了社会主义本质的内涵，明确逐步达到共同富裕是社会主义发展的根本目标。党的十八大以后，习近平总书记提出："消除贫困、改善民生、实现共同富裕，是社会主义的本质要求。""让广大人民群众共享改革发展成果，是社会主义的本质要求，是社会主义制度优越性的集中体现，是我们党坚持全心全意为人民服务根本宗旨的重要体现。"这些重要论断深刻揭示了共同富裕是社会主义的本质和追求。

瞩目当下，中国式现代化道路越走越宽广。我们实现了第一个百年奋斗目标，在中华大地上全面建成了小康社会，历史性地解决了绝对贫困问题，进一步夯实了中国式现代化发展的物质基础。在向第二个百年奋斗目标迈进的历史新起点，我们必须高举中国特色社会主义伟大旗帜，坚持以马克思主义中国化时代化最新成果为指导，坚定中国特色社会主义道路自信、理论自信、制度自信、文化自信。坚持以人民为中心的发展思想，正确把握我国社会主要矛盾的变化，在中国式现代化道路上不断推进共同富裕，进一步彰显中国式现代化道路的独特魅力。

（二）要坚持以人民为中心的发展思想，在高质量发展中促进共同富裕

习近平总书记指出："要坚持以人民为中心的发展思想，在高质量发展中促进共同富裕。"高质量发展是党的十九大提出的新范畴，"我国经济已由高速增长阶段转向高质量发展阶段"，是党的十九大作出的重要论断。高质量发展原本是指经济高质量发展，是指进入相对于经济高速增长的新发展阶段；是指采用相对于粗放式发展方式的新发展方式。但从本质上是坚持以人民为中心的发展思想、贯彻新发展理念的发展，是创新、协调、绿色、开放、共享的发展。

2021 年 2 月 20 日，习近平在党史学习教育动员大会上强调，要教育引导全党深刻认识党的性质宗旨，坚持一切为了人民、一切依靠人民，始终把人民放在心中最高位置、把人民对美好生活的向往作为奋斗目标，推动改革发展成果更多更公平惠及全体人民，推动共同富裕取得更为明显的实质性进展，把 14 亿中国人民凝聚成推动中华民族伟大复兴的磅礴力量。

高质量发展不仅强调经济的发展，同时也强调经济与政治、文化、社会、环境的协调发展，特别强调人民对美好生活的追求和质量的提高。既要高质

量发展，又要逐步实现共同富裕。一方面，共同富裕是高质量发展的根本目的，高质量发展要把共同富裕作为主要目标，不能弱化，不能偏离。另一方面，高质量发展是实现共同富裕的重要途径，是解决逐步实现共同富裕一切问题的基础和关键，实现共同富裕必须依靠高质量发展。高质量发展与共同富裕二者具有统一性，统一于新发展理念的指导和贯彻，统一于全面建设社会主义现代化国家、实现中华民族伟大复兴的实践中。向着第二个百年奋斗目标迈进，适应我国社会主要矛盾的变化，更好满足人民日益增长的美好生活需要，必须把促进全体人民共同富裕作为为人民谋幸福的着力点，不断夯实党长期执政基础。

高质量发展是解决一切问题的基础和关键。没有高质量发展，就不可能实现共同富裕。这就要坚持以人民为中心的发展思想，贯彻新发展理念，着力在高质量发展中促进共同富裕。

首先，要调整优化结构促进高质量发展，着力解决发展不平衡的问题。调整区域结构，实施区域协调发展战略，解决区域发展不平衡，缩小地区差距；调整产业结构，解决产业不平衡问题，实现产业结构优化；调整城乡结构，实施乡村振兴，“四化”同步，缩小城乡差距；深化供给侧结构性改革和需求侧管理，解决供需结构不平衡问题。

其次，要以绿色发展促进人与自然和谐共生。加强环境保护，建设生态文明，促进经济社会发展全面绿色转型，建设人与自然和谐共生的现代化；加快推动绿色低碳发展，持续改善环境质量，提升生态系统质量和稳定性，全面提高资源利用效率，在绿色发展中实现高质量发展。

最后，要坚持以人民为中心，大力促进共享发展。坚持全民共享，使发展成果人人享有而不是少数人共享、一部分人共享；坚持全面共享，使人民共享国家经济、政治、文化、社会、生态各方面建设成果，全面保障人民在各方面的合法权益；坚持共建共享，共建是共享的前提，要人人参与建设，人人共享成果；坚持渐进共享，共享发展是一个从低级到高级、从不均衡到均衡的过程。

推动共同富裕的总的思路是，坚持以人民为中心的发展思想，在高质量发展中促进共同富裕，正确处理效率和公平的关系，构建初次分配、再分配、三次分配协调配套的基础性制度安排，扩大中等收入群体比重，增加低收入群体收入，合理调节高收入，取缔非法收入，形成中间大、两头小的橄榄型分配结构，促进社会公平正义，促进人的全面发展，使全体人民朝着共同富裕目标扎实迈进。

（三）乡村振兴是实现共同富裕的必经之路，关键在于城乡融合与要素流动

习近平总书记强调“打赢脱贫攻坚战，全面建成小康社会，为促进共同富裕创造了良好条件。现在，已经到了扎实推动共同富裕的历史阶段”“促进共同富裕，最艰巨最繁重的任务仍然在农村”“农村共同富裕工作要抓紧”“解决发展不平衡不充分问题、缩小城乡区域发展差距、实现人的全面发展和全体人民共同富裕仍然任重道远。我们没有任何理由骄傲自满、松劲歇脚，必须乘势而上、再接再厉、接续奋斗”。

从精准扶贫到乡村振兴，都在努力缩小地区之间、城乡之间和居民之间的收入差距；前者基本解决了绝对贫困问题，后者正在逐步缓解相对贫困问题。从这个意义上讲，乡村振兴正在完成一个前无古人的伟大创举，即实现一个超大规模社会的共同富裕。中国共产党领导下的中国人民所追求的共同富裕，是物质文明、政治文明、精神文明、社会文明、生态文明的协调发展。只有实现这一目标，才是对西方资本主义文明的全面超越，才是人类文明新形态。实现共同富裕是社会主义的本质要求，而要实现共同富裕，乡村振兴是必经之路。

乡村振兴与共同富裕在价值观念、政策目标和发展主体等方面具有天然和高度的联通性。

首先，价值理念联通。一是基于“全民”的价值理念联通。“全民”意味着主要解决发展的“不平衡”问题。从共同富裕角度来讲就是促进全体人民共同富裕，尤其是农村困弱群体的生活质量问题。而推动乡村振兴的最终目标也是为了增进农民群体的福利需求，满足农民群体对美好生活的向往，其最终落脚点也是“生活富裕”。二是基于“全面”的价值理念联通。“全面”主要是解决发展的“不充分”问题。共同富裕的“全面”价值理念体现在物

质生活和精神生活都富裕。乡村振兴战略所要求的产业振兴、人才振兴、文化振兴、生态振兴、组织振兴表明，乡村振兴应该在“全面”观照的思路下，实现我国城乡的相对平衡发展，从而使农村居民收入增加、生活质量提高。由此，二者在“全面”价值理念上实现联通。

其次，政策目标联通。乡村振兴战略和共同富裕目标都已成为国家发展的重要议题，在政策目标和逻辑上是高度一致的。为扎实推动共同富裕，国家设定了阶段性目标：到“十四五”末，全体人民共同富裕迈出坚实步伐，居民收入和实际消费水平差距逐步缩小；到 2035 年，全体人民共同富裕取得更为明显的实质性进展，基本公共服务实现均等化；到本世纪中叶，全体人民共同富裕基本实现，居民收入和实际消费水平差距缩小到合理区间。而乡村振兴的政策目标指向，即产业兴旺、生态宜居、乡风文明、治理有效、生活富裕“二十字方针”。到 2035 年，乡村振兴取得决定性进展，农业农村现代化基本实现；到 2050 年，乡村全面振兴，农业强、农村美、农民富全面实现。两项政策的目标和时间表高度一致。

最后，发展主体联通。推动农村共同富裕和乡村振兴都要以农民为中心，激发起他们作为发展主体的内生动力和行动自觉。共同富裕与乡村振兴在“发展主体”上实现联通，主要表征为城乡融合与人口生计两个方面。从城乡融合来说，无论是乡村振兴还是共同富裕，都要求城乡人口实现双向自由流动，所享有的基本公共服务实现均等化，城乡差距和居民生活水平差距能够显著缩小；就人口生计而言，给城乡人口营造和提供公平的发展机会和发展环境，尤其是创造能够提升农民人力资源水平的机会和环境，促进农民的生计模式和个人身份顺利转换，这既是全体人民迈向共同富裕的关键一步，也是实现乡村振兴的关键指标。

要把乡村振兴战略这篇大文章做好，必须走城乡融合发展之路。我们一开始就没有提城市化，而是提城镇化，目的就是促进城乡融合。要向改革要动力，加快建立健全城乡融合发展体制机制和政策体系。要健全多元投入保障机制，增加对农业农村基础设施建设投入，加快城乡基础设施互联互通，推动人才、土地、资本等要素在城乡间双向流动。要建立健全城乡基本公共服务均等化的体制机制，推动公共服务向农村延伸、社会事业向农村覆盖。要深化户籍制度改革，强化常住人口基本公共服务，维护进城落户农民的土地承包权、宅基地使用权、集体收益分配权，加快农业转移人口市民化。

城乡融合为乡村振兴提供必要性与可行性。首先，城乡融合发展具有必要性。在全面建成小康社会，开启全面建设社会主义现代化国家新征程上，我国发展短板仍在乡村。只有缩小城乡差距，促进城乡融合，推进乡村振兴，才能够实现城市与乡村的共同发展，弥补乡村发展的短板。其次，城乡融合发展具有可行性。近年来随着我国经济的快速发展，尤其是脱贫攻坚战的全面胜利，夯实了全面建成小康社会的物质基础，为城乡融合发展创造了前提条件。在全面建成小康社会的进程中，乡村在基础设施、公共服务、社会保障等方面的政策体系日益完善，为城乡之间的融合发展创造条件。

要真正解决乡村问题，需要重塑城乡关系，加大政府的转移支付力度和再分配职能，逐步实现公共服务的均等化。只有打破地区间和城乡间的市场分割，促使生产要素跨地区自由流动，缩小城乡差距和地区差距，我国的城市化进程才能更加健康，城乡关系才能更加和谐，农民的生活质量才能不断改善。乡村振兴与新型城镇化都是以人为中心的。这里的“人”既包括村民，也包括专业人才。一方面，要促进农业转移人口市民化；另一方面，要鼓励专业人才投身农业农村发展，形成工农互促、城乡互补、协调发展、共同繁荣的新型工农城乡关系。

（四）乡村振兴要以县城为重要抓手，要协同推进新型城镇化和乡村振兴

郡县治则天下安，县域兴则国家强。县域涵盖城镇与乡村，是承上启下、沟通条块、连接城乡的枢纽，是我国经济发展和社会治理的基本单元。县域治理是推进国家治理体系和治理能力现代化的重要一环，担负和扮演着承上启下的重要责任，如对上要贯彻党的方针政策，落实各级工作部署，对下要领导乡镇社区，促进发展、服务民生，等等。习近平总书记高度重视县域治理，他深刻指出，“在我们党的组织结构和国家政权结构中，县一级处在承上启下的关键环节，是发展经济、保障民生、维护稳定、促进国家长治久安的重要基础”，并要求准确把握县域治理的特点和规律，“把强县和富民统一起

来，把改革和发展结合起来，把城镇和乡村贯通起来，不断取得事业发展新成绩”。

2020 年 12 月 28 日，习近平总书记在中央农村工作会议上指出，要把县域作为城乡融合发展的重要切入点，推进空间布局、产业发展、基础设施等县域统筹，把城乡关系摆布好处理好，一体设计、一并推进。要强化基础设施和公共事业县乡村统筹，加快形成县乡村功能衔接互补的建管格局，推动公共资源在县域内实现优化配置。要赋予县级更多资源整合使用的自主权，强化县城综合服务能力，把乡镇建设成为服务农民的区域中心。

县域治理也是一项综合性的工作，在这个范围内，农业农村占大头，是基础，也是工作的重中之重。县城是我国城镇体系的重要组成部分，是城乡融合发展的关键支撑，对推进乡村振兴，促进新型城镇化建设、构建新型工农城乡关系具有重要意义。县域经济的快速发展有助于发挥其在产业结构、空间地理、区位优势、资源禀赋等方面的优势，应该成为推进城乡融合发展的助推器，发挥县域经济对乡村振兴的带动作用。

要坚持以人为核心推进新型城镇化，尊重县城发展规律，统筹县城生产、生活、生态、安全需要，因地制宜补齐县城短板弱项，促进县城产业配套设施提质增效、市政公用设施提档升级、公共服务设施提标扩面、环境基础设施提级扩能，增强县城综合承载能力，提升县城发展质量，更好满足农民到县城就业安家需求和县城居民生产生活需要，为实施扩大内需战略、协同推进新型城镇化和乡村振兴提供有力支撑。

以县域为基本单元推进城乡融合发展，发挥县城连接城市、服务乡村作用，增强对乡村的辐射带动能力，促进县城基础设施和公共服务向乡村延伸覆盖，强化县城与邻近城市发展的衔接配合。首先，培育发展特色优势产业，稳定扩大县城就业岗位。增强县城产业支撑能力，提升产业平台功能，增强县城产业支撑能力，提升产业平台功能，健全商贸流通网络，完善消费基础设施，强化职业技能培训。其次，完善市政设施体系，夯实县城运行基础支撑。完善市政交通设施，畅通对外连接通道，健全防洪排涝设施，增强防灾减灾能力，加强老化管网改造，推动老旧小区改造，推进数字化改造。再次，强化公共服务供给，增进县城民生福祉。完善医疗卫生体系，扩大教育资源供给，发展养老托育服务，优化文化体育设施，完善社会福利设施。然后，提高县城辐射带动乡村能力，促进县乡村功能衔接互补。推进县城基础设施向乡村延伸，推进县城公共服务向乡村覆盖，推进巩固拓展脱贫攻坚成果同乡村振兴有效衔接。最后，深化体制机制创新，为县城建设提供政策保障。健全农业转移人口市民化机制，建立多元可持续的投融资机制，建立集约高效的建设用地利用机制。

坚持以人为核心推进新型城镇化，推进内涵式发展，提高县城综合承载能力，更好满足农民到县城就业安家需求和县城居民生产生活需要，实施扩大内需战略、协同推进新型城镇化和乡村振兴。

（五）促进共同富裕要植根于社会主义市场经济土壤，完善基本经济制度

习近平总书记强调，要坚持基本经济制度。要立足社会主义初级阶段，坚持“两个毫不动摇”。要坚持公有制为主体、多种所有制经济共同发展，大力发挥公有制经济在促进共同富裕中的重要作用，同时要促进非公有制经济健康发展、非公有制经济人士健康成长。要允许一部分人先富起来，同时要强调先富带后富、帮后富，重点鼓励辛勤劳动、合法经营、敢于创业的致富带头人。靠偏门致富不能提倡，违法违规的要依法处理。

搞社会主义市场经济是中国共产党的一个伟大创造。坚持社会主义市场经济改革方向，核心问题是处理好政府和市场的关系，使市场在资源配置中起决定性作用，更好发挥政府作用，推动有效市场和有为政府更好结合。促进共同富裕，就要正确处理效率和公平的关系，加大税收、社保、转移支付等调节力度并提高精准性，扩大中等收入群体比重，增加低收入群体收入，合理调节高收入，取缔非法收入，形成中间大、两头小的橄榄型分配结构，使全体人民朝着共同富裕目标扎实迈进。

植根于社会主义市场经济土壤促进共同富裕，就要发挥高收入群体和企业家的作用，鼓励他们更多回报社会，而绝不是“劫富济贫”；就要通过慈善捐款等方式发挥第三次分配对于改善分配结构的补充作用，坚持自愿而非强制的原则，反对任何形式的“逼捐”；就要更好发挥政府在收入分配以及公共

服务供给中的作用，同时注意不能提过高的目标、搞过头的保障，坚决防止落入“福利主义”养懒汉的陷阱。

促进共同富裕，要通过坚持和完善社会主义基本经济制度，实现效率和公平相统一、相促进。

首先，深化所有制改革。立足社会主义初级阶段，坚持公有制为主体、多种所有制经济共同发展，毫不动摇巩固和发展公有制经济，毫不动摇鼓励、支持、引导非公有制经济发展。保护产权和知识产权，促进各类资本规范健康发展；健全劳动、资本、土地、知识、技术、管理、数据等生产要素按贡献决定报酬的机制，拓宽投资渠道，增加居民财产性收入。

其次，深化分配制度改革。坚持按劳分配为主体、多种分配方式并存；着重保护劳动所得，着力提高劳动报酬在初次分配中的比重。允许一部分人靠诚实劳动和合法经营先富起来，支持先富带后富、帮后富；重点鼓励勤劳创新致富。再次，深化经济体制改革。加快完善社会主义市场经济体制，加快完善现代市场体系、开放型经济体系。正确处理效率和公平的关系，充分发挥市场在资源配置中的决定性作用和对效率提高的激励作用。

最后，完善宏观领域改革。更好发挥政府作用，加强科学宏观政策调节，完善相关制度和政策，合理调节城乡、区域、不同群体间分配关系。构建初次分配、再分配、三次分配协调配套的基础性制度安排，鼓励高收入人群和企业更多回报社会。坚持在发展中保障和改善民生。增加低收入群体收入，推动更多低收入人群迈入中等收入行列，扩大中等收入群体比重。整顿收入分配秩序，坚决取缔非法收入，依法保护合法收入，合理调节过高收入，促进社会公平正义，促进人的全面发展。

总的目标是，继续解放和发展生产力，把“蛋糕”做大，为共同富裕奠定强大的财富基础；同时不断完善中国特色社会主义制度，分好“蛋糕”，为共同富裕提供制度保障。

三、2021 年烟台市推进乡村振兴进展成效

2021 年，迎来了中国共产党成立 100 周年，在伟大建党精神鼓舞下，烟

台市委、市政府以习近平新时代中国特色社会主义思想为指导，深入贯彻落实党中央决策部署和省委省政府工作要求，创新体制机制，卡实目标责任，狠抓任务落实，实施乡村振兴战略取得阶段性成效，书写了乡村振兴齐鲁样板的烟台华彩篇章。

（一）进一步系统完善乡村振兴政策框架体系

至 2020 年，烟台市乡村振兴的制度框架和政策体系基本形成，完成了中共中央实施乡村振兴战略“三步走”时间表，第一个阶段“至 2020 年乡村振兴取得重要进展，制度框架和政策体系基本形成”的目标任务。根据《烟台市乡村振兴战略规划（2018—2022 年）》的计划，2021 年继续推进乡村振兴战略指标体系和重大项目规定的目标任务。并且根据《关于做好新发展阶段稳定粮食生产工作的实施意见（2021—2025 年）》《关于加快推进苹果产业高质量发展的实施意见（2020—2022 年）》《烟台市苹果产业高质量发展规划（2020—2025 年）》《关于加快莱阳梨产业高质量发展的实施意见（2021—2025 年）》等文件的规定，相关领域乡村振兴重点工作有条不紊地展开。

2021 年的制度设计亮点是市委十三届十三次全体会议审议通过的构建“1+233”工作体系的决议，确定了烟台市未来三年的阶段目标、工作重点、实施路径和办法举措。新旧动能转换和乡村振兴成为市委、市政府两大主线任务。按照“1+233”工作体系的三年规划，到 2023 年烟台市将建成以栖霞、蓬莱、招远为重点的千亿级苹果优势特色产业集群，培育肉鸡、生猪、海参、花生及其加工、粉丝、葡萄与葡萄酒等 6 个百亿级优势特色产业集群，打造一批超十亿级产业集群，进一步提升烟台优势农产品号召力、凝聚力和引领力。

2021 年，烟台市委 1 号文件继续锁定“三农”问题，《烟台市乡村振兴三年行动方案》及 22 个配套文件陆续出台，构建起完备的政策支撑体系。山东省 2020 年农林牧渔的总产值过万亿元，全国第一，而烟台市过了千亿元，全省第一。2021 年是“十四五”规划的开始之年，烟台市在“十四五”规划当中提出要打造乡村振兴齐鲁样板示范市。规划部署：全面实施乡村振兴战略，健康有序推动乡村产业振兴、人才振兴、文化振兴、生态振兴、组织振兴，强化以工补农、以城带乡，推动形成工农互促、城乡互补、协调发展、共同繁荣的新型工农城乡关系，加快农业农村现代化。

2021 年，烟台市统筹兼顾，着力推进县域和乡村振兴，出台了振兴县（区）域经济三年行动方案。这是烟台市近年来首个振兴县域经济的纲领性文件，对充分发挥市级统筹作用，激发县级发展内生动力，协同推进新型城镇化和乡村振兴，推动烟台经济社会高质量发展具有重要意义。一年来，烟台市县域经济发展有力推进了乡村振兴战略实施。龙口市获评全省高质量发展先进县，烟台开发区、芝罘区地区生产总值分别跃上 2 000 亿元、1 000 亿元台阶，综合保税区居全省海关特殊监管区考核前列，长岛海洋生态文明综合试验区建设取得重要阶段性成果，昆嵛山保护区生物多样性保护经验在全省推广。

截至目前，烟台市级层面和区、县（县级市）层面已经构建起系统完善的乡村振兴政策体系。下一阶段政策研究的重点是围绕农村土地制度改革，出台指导土地流转、宅基地资格权退出和使用权流转、行政村区划结构性调整、农村土地整治等领域的政策文件，有效推动烟台市农村土地资源和乡村闲置资产的开发和利用，畅通城乡要素互动，以新型城镇化和县域经济发展为牵引，奋力推进乡村振兴和共同富裕。

（二）进一步夯实粮食生产根基，稳增粮食产量

“十四五”开局，烟台市坚决扛牢粮食生产重大政治责任，坚持“稳面积、稳产量、稳政策”，在政策制定、工作部署、资金投入上加大力度，全力稳定烟台市粮食综合生产能力。2021 年市政府下发《关于做好新发展阶段稳定粮食生产工作的实施意见（2021—2025 年）》，明确提出 2021 年全市粮食种植面积稳定在 440 万亩[①] 以上，产量稳定在 170 万吨以上，到 2025 年全市粮食面积力争达到 450 万亩，产量达到 175 万吨以上。为实现上述目标，重点做了三个方面的工作。

突出工作重点，稳定粮食生产根基。实施“藏粮于地”战略，加强粮食生产功能区和高标准农田建设，统筹利用闲置撂荒地，将遏制耕地“非农

① 1 亩 =1/15 公顷。——编者注

化”、防止耕地“非粮化”纳入全市耕地保护责任目标自查和考核内容，守住耕地红线，从耕地面积和质量上稳定全市粮食生产基础。

落实工作措施，保障稳粮增效。实施“藏粮于技”战略，集成推广绿色高质高效标准化生产技术模式，努力提高粮食产量和质量。严格落实耕地地力保护补贴等各项稳粮保供政策，提高农民种粮积极性。

严格考核监督，建立奖惩机制。将稳定发展粮食生产作为全市农业农村的底线工作，纳入各级党政领导班子和领导干部推进乡村振兴战略实绩考核，提高粮食生产分值比重，激发各区市稳定粮食生产内生动力。

全力保障粮食稳产丰产。坚决扛牢粮食生产政治责任，市级安排4 500万元，实施种源“卡脖子”技术攻关、撂荒地改造整治。根据国家统计局山东调查总队数据显示，烟台市2021年全年粮食种植面积454.12万亩，粮食总产量183.34万吨，实现了稳定粮食综合生产能力的工作目标，为“十四五”开好局、起好步，构建新发展格局，推动经济社会高质量发展奠定了坚实基础。

夏粮实现种植面积、单产、总产量同步增长。2021年，烟台市夏粮种植面积达182.26万亩，比上年增加11.84万亩，增幅为6.95%；夏粮总产量74.69万吨，比上年增加7.62万吨，增幅为11.37%；夏粮单产每亩409.83千克，比上年每亩增加16.26千克，增幅为4.13%。

秋粮单产因灾略减，种植面积、总产量实现增长。烟台市秋粮在夏粮丰收丰产的影响下，种植面积稳中有增，亩产在持续降雨等不利因素影响下有所下降。2021年，烟台市秋粮种植面积达271.86万亩，比上年增加5.25万亩，增幅为1.97%；秋粮总产量108.64万吨，比上年增加1.05万吨，增幅为0.98%；秋粮单产每亩399.63千克，比上年减少3.93千克，降幅为0.97%。

全年粮食生产呈现“三增”格局。2021年，烟台市全年粮食种植面积454.12万亩，比上年增加了17.09万亩，同比增长3.91%；粮食总产量为183.34万吨，比上年增加8.67万吨，同比增长4.97%；粮食平均单产为每亩403.72千克，比上年增加4.06千克，同比增长1.02%。

烟台市粮食生产总体情况能够呈现“三增”格局有三大主要因素。

政策落实有力，粮食种植面积稳中有增。烟台市印发了《关于做好新发展阶段稳定粮食生产工作的实施意见（2021—2025 年）》（烟政办字〔2021〕27 号），将 440 万亩、170 万吨粮食种植目标任务分解至各区市，推动了撂荒地的复耕复种，稳定了粮食生产面积。烟台市农业农村局还会同市财政局出台了政策文件，对全市的种粮户按照不低于每亩 12.3 元的标准进行补贴，提高了农民的种粮积极性，切实推动了粮食种植面积的稳步增加。

丰产基础较好，粮食总产量再创新高。在 2021 年夏秋两季粮食作物的适播期和生长期，烟台市气象条件总体有利、土壤墒情较好，各粮食主产区在统一部署下，进一步抓好水肥管理、病虫防控等田管措施，有效保障了小麦和玉米生长发育，为粮食稳产、丰产创造了条件。

秋汛影响秋粮亩产，全年粮食单产相对稳定。2021 年 9 月下旬至 10 月初，烟台市阴雨天气较多，造成土壤水分饱和、田间湿度过大、个别地区发生渍涝，对秋粮后期生长及收获产生了不利影响，秋收粮食作物的单产有所下降。但因前期夏粮高产，所以 2021 年全年粮食单产仍保持在常年水平。

蓬莱小麦收获（烟台市农业农村局供图）

2022年要进一步加大政策扶持力度，盘活农业生产要素，全面提升粮食亩产水平。同时应抓好农村水利基础设施建设，改善耕地储水、引水条件，提高农田抗旱排涝能力。还应加强农机统筹调度，建立农机供需信息平台，出台更多支持农机发展的政策措施，培养更多操作熟练的农机人员，进一步推动粮食生产机械化。

（三）进一步打造“1+6”优势特色产业集群

乡村振兴，关键是产业要振兴。2021年烟台市围绕“1+6”优势特色产业集群打造，实施农业科技创新计划，强化现代农业产业科技支撑，全面提高农业质量效益，推进农业全产业链发展。

“1+6”优势特色产业集群，即烟台苹果千亿级国家优势特色产业集群，花生与食用油、白羽肉鸡、生猪、海参、葡萄与葡萄酒、龙口粉丝等6个百亿级优势特色产业集群。

烟台是中国现代苹果的发源地，全市苹果面积常年保持在280万亩左右，从业人员超过170万人。2021年新改造老龄苹果园46万亩，建设示范果园297个、数字果园95个，累计改造超130万亩，超额完成120万亩改造任务。《2021中国果品产业发展报告》（中国果品区域公用品牌价值评估）显示，烟台苹果品牌价值达到150.34亿元，以绝对优势占据榜首，连续13年蝉联中国果业第一品牌。

2021年12月，烟台首个水果全品类整体区域公用品牌“烟台仙果”正式向社会发布。这也意味着，烟台水果有了共同的品牌身份：烟台仙果。“烟台仙果”Logo主体以抽象金色水果为主，彰显烟台以全市之力守护培育“健康、安全、品质”的果品。以祥云、蓬莱阁等作为辅助，强化“仙境海岸”“仙道文化”“仙美世界”“仙果标准”的发展思路。字体厚重大气，代表烟台果品品牌的诚信的精神和文化感。

新品种是果业发展第一生产力。在烟台，90%以上高接换头改造的果园改种了“维纳斯黄金”“王林”等黄绿色品种，50%以上新植果园种植了黄绿色品种，“维纳斯黄金”“王林”“明月”等新品种种植面积增加4倍，产量增加2.2倍。苹果品种由原来的红富士一家独大，转为多样化发展的趋势已经显现。同时，晚熟品种种植面积减少了 17%，早、中、晚不同熟期品种供应更加均衡。苹果品种的合理布局得益于苗木研发优势。近 3 年，烟台已建成国内一流的苹果脱毒种苗繁育中心、苹果智能化炼苗温室和苹果脱毒采穗圃，年产脱毒苗木能力达 1 000 万株以上。2021 年，烟台市有 15 个苹果新品种获得农业农村部登记，累计获正式登记品种 68 个，在登记数量上实现了“三分天下”的品种优势。

通过品种创新、技术创新、产品创新、装备创新等新技术新理念的应用，全市低效果园面积有所下降，但产量仍保持稳定增长，生产能力有效提升。据统计，全市苹果面积和产量分别从 2019 产季的 280 万亩、559 万吨调整到 2021 产季的 255 万亩、574 万吨。

下一阶段，烟台市将重点支持蓬莱区、栖霞市、招远市推进国家千亿级优势特色产业集群建设，推动“东方海岸果谷”等大项目落地落实。扩大苹果保险覆盖面，推广防雹网等防灾设施建设，提高防灾抗灾能力。办好国际果蔬博览会和中国 · 山东国际苹果节，强化品牌提升，巩固烟台苹果作为中国果业第一品牌的优势地位。

蓬莱有机苹果园（烟台市农业农村局供图）

烟台是我国葡萄酒工业的发祥地，是亚洲唯一的国际葡萄·葡萄酒城。烟台产区经过多年发展，培育出张裕、长城、君顶等本土葡萄酒龙头企业，成功引进“拉菲瓏岱”“龙亭”“逃牛岭”等知名酒庄。烟台产区拥有酿酒葡萄品种品系 60 多个，主栽赤霞珠、马瑟兰、小味儿多、贵人香、霞多丽、小芒森等品种，并开展了玛尔维萨、瑞福斯科、黑比诺、密斯卡托、马尔贝克等小众品种试种实验，酿酒葡萄种植主要分布于蓬莱区、开发区、莱山区、莱州市、招远市及龙口市等地。

2021 年，烟台把发展葡萄酒产业作为全市重点实施的 16 条产业链之一加快推进，构建起“一链长、一核心区、一链办”等“九个一”工作模式。连续发布了《葡萄酒产业链转制实施方案》《烟台葡萄酒产区建设实施方案》《葡萄酒产业发展专项资金实施细则》等重要文件，列支 4 000 万元支持葡萄酒产业发展，全市葡萄酒产业呈现出一二三产协调推进、蓬勃发展的良好局面。

2021 年烟台产区葡萄酒在国内外知名大赛中斩获大奖 105 项，全市葡萄酒产值 102.3 亿元，均居国内各大产区前列，品牌价值达 858.74 亿元，已连续 6 年蝉联中国地理标志产品葡萄酒类榜首。烟台产区规模以上葡萄酒产量 7.8 万千升，占全国的 29.1%，规模以上葡萄酒企业营业收入 24.6 亿元，占全国的 27.25%，均处于全国领先地位。目前，烟台拥有标准化酿酒葡萄基地面积 28.5 万亩，取得生产许可证的企业 204 户，上市企业 4 家，知名酒庄 60 余个，产业链配套企业 250 余家，年均葡萄酒旅游人数达 200 万人次以上。形成了蓬莱“一带三谷”、烟台国际葡萄酒城、莱山瀑拉谷酒庄群三大核心产区，构建起以葡萄酒产业为主、配套产业为辅，教育培训、文化旅游、会展服务、传媒咨询等一二三产业融合发展的格局。

葡萄酒产业在带动就业、促进乡村振兴、提升城市形象等方面也发挥了重要作用。烟台市葡萄酒产业是推动农业发展、提振乡村经济的重要抓手，是落实乡村振兴战略的重要路径。以蓬莱市丘山山谷小产区为例，周边农户将自己的部分土地流转给酒庄经营，一方面可以获得土地流转费用，另一方面农户到周边酒庄就业，增加了工资性收入。瓏岱、逃牛岭等酒庄还将附近

烟台葡萄酒产业链推介大会暨 2021 烟台蓬莱国际葡萄酒节（烟台市农业农村局供图）

农户收为正式员工，并缴纳五险一金，使农户身份由农民转变成产业工人，真正实现了产业兴旺，促进了乡村振兴。

下一阶段，烟台市计划重点支持莱山区、蓬莱区、龙口市、开发区等葡萄种植加工、葡萄酒生产优势区发展，举办 2022 烟台国际葡萄酒节暨张裕 130 周年庆典系列活动。力争到 2023 年，重点培育打造山东省高端品牌企业 5 家以上，烟台葡萄酒产业形成一批具有规模优势，在国内外有较强竞争力的知名品牌、优质品牌，创建一批优质产品基地，不断提升烟台国际葡萄·葡萄酒城的国际知名度。

烟台花生常年种植面积 150 万亩、年产量 40 万吨。2021 年，中国品牌价值评价信息发布，烟台市地理标志区域品牌“烟台大花生”榜上有名，品牌强度为 825，品牌价值为 31.91 亿元。位于烟台莱阳的山东鲁花集团，是农业产业化国家重点龙头企业、中国花生油第一品牌、中国高端食用油行业引领者。目前，鲁花已形成了从花生育种，到花生油加工生产、品牌销售的全产业链优势，发展成为横跨食用油、米面、调味品等多行业的多元化集团。

2020 年 11 月 27 日第十八届中国国际农产品交易会在重庆国际博览中心开幕，“烟台大花生”在全国地理标志农产品保护工程项目支持下作为山东省农产品地理标志展区参展产品，其品牌形象首次对外推广发布。近年来，通过实施“烟台大花生”地理标志农产品保护工程，设计制作了“烟台大花生”专题宣传片、“烟台大花生 健康中国仁”宣传标语，设计了“烟台大花生”品牌形象；制定了“烟台大花生”区域公用品牌管理办法和标识管理规范，提升生产能力、品牌效应和标准化程度，推动烟台花生产业提档升级。

烟台市共建设大花生标准化生产基地 8.5 万公顷，其中莱阳市建成全国绿色食品原料花生标准化生产基地 15 万亩，形成了以牟平、蓬莱、栖霞等为代表的适宜出口大花生基地；以莱阳、海阳、招远、莱州等为代表的油用花生基地。全市共有花生及其制品加工企业 100 余家，打造了“鲁花”“枫林”“大成”等一批国内外知名品牌。烟台市农业农村局连续多年出台《烟台市花生生产播种技术意见》，加大与山东省花生研究所、中国农科院进行产学研合作，将成果应用到各个党支部、基层合作社完成技术转化。实现从品种繁育—种植基地、合作模式、产学研用—初加工、深加工—物流配送—内销、出口等各个环节健康有序运转，“烟台大花生”已形成完整闭环产业链，成为大花生产业标准化、品牌化、现代化代表。

2021 年，鲁花集团被中共中央、国务院授予“全国脱贫攻坚先进集体”。同年，中共中央授予鲁花集团党委“全国先进基层党组织”的荣誉称号。作为全国脱贫攻坚先进集体，多年来，鲁花集团一直秉持“产业报国、惠利民生”的坚定初心，奋战在乡村振兴的路上，一头连接千万农民，一头连接亿万的消费者。“种子”是农业的芯片。鲁花集团以振兴中国花生产业为己任，通过高油酸花生良种的培育与推广，大力发展高油酸花生种植，打造高油酸花生优势特色产业集群。据统计，高油酸花生和普通花生相比，高油酸花生亩产比普通花生增产高 15% ～ 20%，每亩比普通花生增收 800 ～ 1 000 元，真正鼓起了农民的“钱袋子”。

下一阶段，烟台市将重点支持花生与食用油产业发展，以鲁花、龙大、枫林等粮油加工龙头企业为引领，培育壮大“烟台大花生”区域公用品牌，建设花生特色品种繁育基地、高油酸新品种种植区、出口型花生主产区、高水平加工基地及现代化示范基地。

位于烟台莱阳的鲁花集团（烟台市农业农村局供图）

“烟台苹果莱阳梨，葡萄美酒白羽鸡”，烟台农业人称之为“烟台四宝”。2021 年烟台出栏肉鸡 3.41 亿只，鸡肉产量 65.99 万吨，占烟台肉类总产量的 58.74%，连续 6 年超过猪肉产量，肉鸡产业已成为烟台第一大畜牧产业；全国 5 家白羽肉鸡上市公司，烟台占据 4 家；每年平均每四个中国人吃掉一只烟台白羽鸡。2021 年烟台市白羽肉鸡产业集群总产值突破 200 亿元，已经成为烟台的特色产业集群。

中国肉鸡看山东，山东肉鸡看烟台，烟台白羽肉鸡无论是量上还是质上，在全国都具有举足轻重的地位，可以这样说，全国没有一个地市像烟台这样拥有白羽肉鸡的完整产业链。目前，烟台已形成了“祖代—父母代—商品代”相配套的肉鸡繁育体系，形成了从原种鸡研发培育到鸡肉生熟制品的全产业链条。截至目前，烟台已建成肉种鸡场 78 个，存养曾祖代肉种鸡 1 万套、祖代肉种鸡 40 万套、父母代肉种鸡 1 105 万套，分别占全国的

100%、25%和20%。

这些亮眼数据，来自烟台市的强力政策引导和服务支撑。2021年，食品产业链被烟台市列入16条重要产业链，白羽肉鸡产业是整个食品产业总链中的重要支链。经过多年的培育，烟台市培育出益生（芝罘福山）、民和（蓬莱）、仙坛（牟平）、春雪（莱阳）四大上市企业，以及鼎立（海阳）、荣华（牟平）等一批行业领军企业。

山东民和牧业股份有限公司前身是农业部山东蓬莱良种肉鸡示范场，始建于1985年，改制于1997年。2008年5月16日，在深圳证券交易所上市，成为国内白羽肉种鸡行业首家上市公司。

山东益生种畜禽股份有限公司是亚洲最大的祖代父母代种鸡繁育基地。中国的白羽肉鸡很大部分都是益生种鸡的孙子辈。益生处在行业的打头位置。2010年8月10日在深圳证券交易所上市，成为我国唯一以高代次畜禽种源供应为核心竞争力的上市公司。

山东仙坛股份有限公司前身最早是1997年牟平区大窑镇蛤堆后村的村办企业，2015年2月16日在深圳证券交易所上市，目前是全球单体最大的肉鸡屠宰加工企业。2021年，总产值近100亿元。仙坛股份建立“公司+自养场+农场”合作养殖模式，帮助农民建立农场，提供资金、技术、管理、市场、风险承担能力的支持，首创“九统一”生产管理体系，把2 000多个养殖农场提升整合到现代化养鸡体系中，被称为“仙坛模式”。

春雪食品集团股份有限公司前身为莱阳饲料公司，1990年筹建，1992年成立公司。2021年10月13日在上海证券交易所主板上市。目前是鸡肉调理品细分行业的龙头企业。春雪食品主打的是直接面向消费者的鸡肉调理品和生鲜品。

下一阶段，烟台市重点支持牟平建设以白羽肉鸡产业为主的省级现代农业产业园。以益生、春雪、民和、仙坛4个白羽肉鸡产业上市公司为龙头，加快推进肉鸡产业结构调整和技术改造，进一步扩大肉鸡生产规模，提升信息化智能化水平。

位于烟台牟平的仙坛集团（烟台市农业农村局供图）

2021 年烟台市农业农村局研究制定了《烟台市现代高效农业高质量发展突破行动计划（2021—2022 年）》，部署在畜牧业转型升级上取得新突破。目标是 2021 年，生猪产能恢复到正常年份水平；到 2022 年，奶牛规模养殖场实现青贮玉米全覆盖；对莱阳、牟平、招远三个区市的病死畜禽无害化处理收集体系进行提档升级，提高无害化处理规范化水平。

2021 年，生猪价格起伏较大，前三季度一路下滑至跌破盈亏平衡点，四季度开始企稳回升，结束了养殖场（户）4 个月的亏损期。岁末年尾生猪价格的快速反弹，提振了养殖户信心，进一步推动全市生猪恢复性生产。截至 2021 年年底，全市生猪存栏 303.14 万头，同比增长 2.32%，环比增长 12.38%。自 2021 年二季度末，养殖户开始进行产能调整，淘汰落后母猪，更换优质种群。截至 2021 年年底，存养核心基础母猪 2.7 万头，占全省的 25%；全市能繁母猪存栏 26.67 万头，同比下降 10.87%。2021 年全年生猪累计出栏 442.73 万头，同比增长 42.78%，第四季度生猪产能快速释放，出栏 114.12 万头，环比增长 25.25%，圆满完成了行动计划部署的目标任务。

下一阶段，烟台市将继续支持生猪产业发展，依托龙大、新希望、大北农等生猪养殖加工龙头企业，创建一批生猪产能调控基地，全市能繁母猪保有量27.5万头，生猪出栏450万头。积极推进生猪“保险+期货”试点工作，促进行业健康发展。

烟台市是海洋强市，海洋生产总值约占GDP的1/4。海洋牧场总面积超过130万亩、产业链产值突破500亿元，其中烟台海参产业贡献率约三成，成为渔业的支柱产业。近年来，烟台整合各方资源，强化政策支持，实施科技创新，促进了海参产业的发展，烟台海参产业走出了一条特色鲜明、创新发展之路。

截至2021年年底，全市拥有3个国家级刺参种质资源保护区、2个省级刺参原良种场和1个国家级刺参良种场；全市出苗量达到247亿头，约占全省66%，是全国最大的海参苗种繁育基地。海参养殖面积58.9万亩，占全省49.9%，海参产量2.74万吨，约占全省26.9%。目前，烟台海参产业拥有育种及生产单位1 200多家，海参产品加工企业1 100多家，海参产品经销业户2 100多家，是国内最大海参种业硅谷、加工基地、集散中心。2021年全市海参产业产值160亿元，占渔业总产值14.4%，为促进渔业经济发展和渔民增收做出了积极贡献。

烟台海参苗种产业基础雄厚，领跑全国。海参育苗保苗单位近1 000家，总水体近200万立方米，年出苗量247亿头，约占全国1/2、全省3/4，苗种产值达到18亿元，占全市水产苗种产值的3/4，是全国最大的海参苗种繁育基地，蓬莱区被誉为“中国海参苗种之乡”。全国水产原良种委员会审定批准的全国6个海参新品种，其中3个起源于烟台。

烟台海参近90%是底播增殖养成，优良自然的生态环境造就了烟台海参优良的品质。2021年烟台市海参养殖面积达58.9万亩，其中底播增殖57万亩。特别是以底播海参为主要产品的海洋牧场建设，改善了海洋生态环境，为海参高品质长成提供了更大空间。目前，烟台市有省级以上海洋牧场43处，其中国家级18处，占全国总数1/9，数量居全国地级市首位，海洋牧场总面积达到137万亩，海洋牧场底播养殖占全市海参养殖面积的89.5%。

烟台拥有全国最大的海参加工基地。据调查统计，烟台市从事海参加工、流通的单位（业户）3 000 余家；海参加工原料除本地产品之外，还有来自山东、辽宁、福建、河北等国内主产区以及日本、韩国、朝鲜、俄罗斯等主产国产品。拥有以销售国内外海参产品为主 10 万平方米的海中宝、7 万平方米的山海城、4 万平方米的中国海参进出口（烟台）集散中心，3 个海产品交易市场商户 1 200 余家，年销售量占全国 60% 以上。

下一阶段，烟台市将继续做大做强海参产业，支持开发区围绕海参产业创建省级现代农业产业园，举办 2022 世界海参产业（烟台）博览会暨海洋食材展等系列活动。组建海参产业研究院，开展“烟台溯源好海参”质量品牌体系建设。

龙口粉丝传统手工生产技艺具有 300 多年历史，被列入国家级非物质文化遗产保护名录。明末清初，招远人创造了采用绿豆制作粉丝的新技艺，分推粉、漏粉和晒粉三个手工操作过程。1860 年，依靠这一技艺生产的招远粉丝开始由龙口装船外运，始称“龙口粉丝”。2002 年龙口粉丝获得原产地保护。按规定，在招远、龙口、蓬莱、莱阳、莱州（上述五市均是烟台下属的县级市）地域内的粉丝生产企业，经审核批准后，可以使用“龙口粉丝”原产地域保护。2004 年，招远市被命名为“中国粉丝之都”。2005 年，招远粉丝产业入选山东省十大（特色）产业集群，并于 2015 年创建优质粉丝产品生产基地。

位于烟台招远市的烟台双塔食品股份有限公司生产的“双塔”牌龙口粉丝成为行业内首个“中国名牌”“中国驰名商标”，2010 年烟台双塔食品股份有限公司在深圳证券交易所中小板上市，掀开了龙口粉丝品牌发展与资本发展的先河。2021 年双塔食品粉丝收入为 5.34 亿元、毛利率为 4.46%。

经过十多年的发展，招远市豌豆蛋白产业已经具备了规模、成本、工艺等方面的基础优势，招远市豌豆蛋白占据了全球 80% 左右的市场份额。依托双塔、六六顺、三嘉等龙头企业，先后建立国家认可实验室、山东省企业技术中心、山东省工程实验室等高层次创新平台，储备精深加工技术，其中双塔组建的检测中心是粉丝行业内首个“国家级实验室”。双塔食品每年投入

行业冠军"双塔"牌龙口粉丝 (烟台市农业农村局供图)

研发经费超过主营业务收入的3%，2021年投入科研经费为7 200多万元。招远市现有豌豆蛋白生产企业8家，2021年，全市豌豆蛋白年产量近19万吨，占据全球市场份额的80%左右，是全球最大的豌豆蛋白生产基地。

山东省是粉丝出口大省，2021年山东省粉丝出口量占我国粉丝总出口量的69.11%，主要来自烟台市的贡献。其中双塔食品是我国粉丝行业的上市龙头企业，占据龙口粉丝大约20%的市场份额，其主要业务是豌豆蛋白、粉丝以及膳食纤维。2021年，由双塔食品牵头，联合13家龙口粉丝企业，在原料供应、技术交流、管理升级等多方面开展合作，从之前的"单打独斗"走向大联合，打造龙口粉丝产业联盟，共同推动行业有序、健康发展。

下一阶段，烟台市将继续重点支持龙口粉丝产业发展，积极发展即食粉丝、保健粉丝等功能性食品和高端蛋白深加工，建设全国粉丝加工引领区、集聚区，提升招远"中国粉丝之都"影响力。

(四) 进一步促进乡村一二三产业融合发展

近年来，烟台市围绕乡村振兴战略，制定出台了《关于乡村振兴战略的实施意见》《关于加快推进烟台苹果产业高质量发展的实施意见》等一系列政策文件，抓重点、补短板、强弱项，将推进一二三产业融合发展作为重要途径，着力培育新动能、打造新业态、扶持新主体，不断提高农业创造力、竞争力，扎实推进乡村产业、人才、文化、生态和组织振兴，促进农业全面升级、农村全面发展、农民全面进步。主要做了以下几方面工作：

一是加强新型经营主体培育。近年来，烟台市融合涉农政策和资源要素，推动各类新型经营主体数量快速增长。截至2021年年底，全市共培育国家级农业产业化重点龙头企业15家、省级85家、市级139家，农民专业合作社1.7万家，家庭农场3 600家；全市规模以上农业加工企业有448家，实现营业收入910.8亿元，同比增长0.7%。

二是创建休闲农业典型示范。近年来，烟台市先后创建全国休闲农业和乡村旅游示范县、中国美丽休闲乡村等国家级休闲农业示范单位11个，创建山东省休闲农业和乡村旅游示范县、山东省美丽休闲乡村、山东省休闲农业和乡村旅游示范点、山东省休闲农业精品园区等省级休闲农业示范单位45个，有3条美丽乡村休闲旅游精品景点线路在农业农村部进行集中推介。

三是鼓励发展联农带农模式。烟台市通过优势特色产业集群、农业产业强镇等项目建设，在政策和资金上支持龙头企业与基地、农户签订合同，发展“龙头企业＋合作社＋基地＋农户”“龙头企业＋合作社＋农户”等多种方式的利益联结机制；鼓励企业探索“保底收益＋按股分红”“入股分红”等模式，通过订单农业、入股分红、托管服务等方式，让小农户融入农业产业链，享受产业融合的增值收益。2021年农村居民人均可支配收入达到24 574元，同比增长10.2%。

四是积极发挥品牌引领作用。近年来，烟台市深入实施品牌战略，健全农产品品牌培育、发展和保护体系，先后编制《烟台苹果品牌战略规划》和《烟台大樱桃品牌标识体系规划》。目前，全市已有“山东省知名农产品区域公用品牌”5个，“山东省知名农产品企业产品品牌”48个。烟台苹果等17个农产品获农产品地理标志，烟台苹果品牌价值达145.05亿元，连续12年蝉联中国果业第一品牌。

2021 年，烟台市按照“十四五”规划和系列乡村振兴文件规定，推动各项政策措施落实落地，不断创新产业要素供给，培育多元化融合主体，营造适宜的发展环境，促进一二三产业融合发展，助推乡村振兴战略顺利实施。重点实施以下 7 项工程：

一是实施农业产业化龙头企业“雁阵建设工程”。进一步加强市级以上农业产业化龙头企业梯次培育，引导龙头企业通过兼并重组、股份合作、资产转让等形式不断做大做强，壮大国家、省、市三级龙头企业“雁阵群”。通过贷款贴息等方式，支持龙头企业贷款从事农业项目的生产、加工、销售、农产品流通服务、研发和先进技术引进等。通过项目引导，扶持龙头企业建设产地预冷、分拣包装、仓储保鲜等设施，改造升级加工生产设备、开展农产品精深加工领域的研发应用，提升带动农产品加工业发展的能力。

二是实施优势特色产业“集群发展工程”。以全市苹果产业高质量发展为重点，依托栖霞国家级现代农业产业园和 9 个苹果主产区，加快培育苹果产业千亿级集群。依托张裕、中粮等葡萄酒龙头企业和莱山国家级现代农业产业园，加快培育葡萄与葡萄酒产业百亿级集群。依托鲁花、龙大等花生加工龙头企业，加快培育花生产业百亿级集群。依托民和、益生、仙坛等肉鸡龙头企业和新希望、福祖等生猪龙头企业，加快培育 2 个畜牧产业百亿级集群。加快发展海参、粉丝、大樱桃和梨等优势特色产业，打造一批超十亿级产业集群。

三是实施农业经营规模化、服务社会化“两化提升工程”。在稳定农村土地承包关系前提下，整体推进烟台市土地流转，引导相对集中、适度规模经营。推动烟台市农村产权交易管理中心建设，完善市、县、镇、村四级交易服务网络。抓好家庭农场能力提升行动整县试点、农民合作社质量提升整县推进试点，推动形成农业生产社会化服务组织的专业化、多元化发展，提升社会化服务市场化、信息化水平，构建支持农业全产业链发展的服务体系。

四是实施农业“质量效益提升工程”。推进食用农产品达标合格证制度，鼓励支持新型经营主体开展绿色食品、有机农产品认证。整建制推进绿色食品原料基地建设，提升加工品绿色认证规模。按照“全品类整体品牌引领、区域公用品牌支撑、企业产品品牌协同参与”三位一体品牌建设思路，放大区域公用品牌价值和效应，重点打造“品道烟台仙果香”全品类整体品牌。鼓励参与品牌农产品评选认定，打造品牌产业会展经济，重点举办中国·山东国际苹果节、国际果蔬·食品博览会等重要展会。

五是实施农业科技“创新驱动工程”。依托烟台农科院、果业产业技术研究院、登海种业、烟台现代果业等农业科研机构和“育繁推”一体化企业，加大新品种、新技术、新产品的研发推广力度。围绕优势产业、优势品类和关键领域，开展农业科技创新攻关，解决一批关键性技术难题，推进传统农业优化升级。着力打造农业产业的自主创新基地、高层次人才培养聚集基地、科技成果转化基地、高新技术孵化基地。

六是实施农业基础设施“改造提升工程”。加快高标准农田建设，整合新增建设用地土地有偿使用费和农业综合开发、农田水利设施建设、现代农业生产发展等方面资金，集中力量开展土地整治、农田水利、土壤改良、机耕道路、配套电网林网等建设。积极开展区域规模化水肥一体化示范，发展成熟先进的技术模式，创建一批技术先进、管理规范、效益明显、可复制推广的水肥一体化示范区，通过发展水肥一体化高效节水技术，提升农业生产条件，推动农业生产向规模化、标准化、产业化方向发展。

七是实施休闲农业乡村旅游“精品提升工程”。立足烟台市区位优势、资源禀赋、历史文化和市场需求，深度挖掘农村文化资源，开发具有地方特色的休闲产品，促进农业与文化、科技、艺术、教育、体育、康养、旅游等产业融合发展，打造特色突出、主体鲜明的休闲农业和乡村旅游精品。依托苹果产业高质量发展，围绕苹果产业，重点打造苹果主题小镇，发展以苹果为中心的乡村休闲游精品景点线路。

经过近几年的不懈努力，尤其是2021年的工作推进，烟台市乡村一二三产业融合发展取得了较大进步。

第一，乡村一二三产业特色突出结构不断优化。

烟台市大力扶持优势特色产业，科学调整农产品区域规划，推动当前烟台市的农牧渔业产业结构更加合理化，从而进一步推动农业高质量发展。

截至2021年年底，烟台市农林牧渔业总产值达到1 697.48亿元，同比增长8.01%，其中，农业总产值达到497.81亿元，同比增长3.14%。

烟台市在推进农村三次产业融合发展过程中，不断对产业结构进行调整。当前烟台市整体上第一产业占比基本持平，平均产业结构占比维持在7.3%，而第二产业呈现出逐渐下降的变动趋势，第三产业相对来说呈现出逐渐上升的变动趋势，截至2021年年底第二产业占比达到39.5%，比2020年下降1.3个百分点，而第三产业达到53.5%。

近年来，烟台市通过以“互联网+现代农业”的方式对现代食品工业和乡村休闲旅游等经营主体进行重点培养，利用服务业的发展带动整体产业经济的增长。同时，通过结合电子商务技术来搭建服务中心，结合当地的旅游资源来打造由景观、农业生产、休闲养生等为主体的旅游路线，进一步加快烟台市农村地区的旅游产业发展，提升当地的生态环境，推动产业融合水平的提升，促进一二三产业深度融合。

第二，龙头企业带动乡村一二三产业主体融合发展。

烟台市农村现代化发展势头较好，以农业产业化龙头企业、家庭农场、种养大户、农民专业合作社、承包农户为经营主体，通过各个主体合作发展的模式来不断地完善自身的产业链和价值链，更好地达成各类农业生产经营主体的相互协调和配合，逐步实现合作共赢的发展局面。

截至2021年年底，农业龙头企业数量达到149家，同比增长16.4%，龙头企业的单位就业人数达到1 512人，同比降低13.01%。整体上来说，当前农业的龙头企业数量大幅度增长，产业融合通过利用新技术带动农业发展，有效提升了工作效率，从而减少了对工作人员的数量需求。截至2021年年底，烟台市当地通过龙头企业发展来带动农业产业化水平的提升，其中大部分农户的年收入增长已经超过4 300元，推动了当地经济水平的提升。

第三，科技助力乡村一二三产业创新性发展。

烟台市目前整体推进“一主多元”的基层农技推广体系，围绕主导产业和特色产业发展需求，通过加强农业科技社会化服务体系建设，深入推行科技特派员制度。同时，吸引科技人才向基层汇聚，稳定农技推广队伍，为农业农村科技创新创业提供人才保障。

截至 2021 年年底，烟台市农业加工业以农业机械总动力进行衡量，达到 8 345 612 千瓦，同比增长 5.94%。烟台市着力推进农产品综合加工协调发展，支持产品研发、技术创新和设备改造，建设农产品加工园区和技术集成基地。烟台市政府通过鼓励农村经济合作社的发展，带动更多的家庭和小微企业加入到农业产业发展过程中，不断推动当地的农业产品加工行业的发展，加强农产品的循环利用。近年来烟台市政府不断利用自身的本地资源来建设相应的休闲旅游区域，推动当地休闲旅游产业的发展。截至 2021 年年底，烟台市农村旅游接待人次达到 6.8 亿人，同比增长 25.93%，而农村旅游总收入达到 6 787 亿元，同比增长 20.12%。截至 2021 年年底，烟台市农村公路投资达到 114.5 亿元，同比增长 22.20%。

第四，美丽乡村建设助力乡村产业形态丰富多样。

当前，烟台市全面实施美丽乡村标准化建设，根据相关的数据统计，

“中国大樱桃第一镇”张格庄镇（烟台市农业农村局供图）

2021 年，烟台市生态文明乡村建设示范县增加了 1 个，试点村庄增加了 42 个，同时针对卫生厕所进行改造，总共完成了 33 万户，而自来水普及率更是达到 97.3%，村庄 98% 以上的道路都进行了硬化铺垫。

2021 年，烟台市持续对当地的农村环境进行改善，针对当前的农业科技项目进行研发，从而促进整个乡村产业形态的丰富化。同时，不断加快建设现代化海上综合体，推动滨海游向海洋游转变，打造海洋牧场集群。通过加快推进科技创新驱动，推进畜牧业智能化建设，提升畜牧产业现代化水平。

除此之外，烟台市通过发展蔬菜、茶、花卉等特色富民产业，着力建设高品质蔬菜生产区和加工出口基地。烟台市通过推广“龙头企业 + 基地 + 养殖户”等模式，鼓励支持现有畜牧业龙头企业扩规模、提档次，巩固提升全国优势地位，因地制宜扶持一批“专精特新”畜禽养殖加工企业。通过对当前农业各个产业产品进行创新研发，结合农业发展融合产业的具体内容，不断从科技、旅游、物流等方面推动乡村产业形态更加多样化。

第五，乡村产业发展助力农村居民收入增长。

当前烟台市农民人均可支配收入呈现出逐步上升的发展趋势，农民开始通过投入工作来换取相应的经济报酬，这主要是由于农村当地的产业发展为企业的建设和成长带来了更多的可能性，从而给当地农民提供了更多的就业和发展机会。

烟台市农村居民可支配收入由 2012 年的 1.23 万元增长到 2021 年的 2.46 万元，增长了近两倍，且通过趋势图可清晰地看出烟台农民的收入是稳步增长的。从整体上来看，农村一二三产业融合发展水平与农村居民人均可支配收入存在明显的正相关性，由此得出当前农村一二三产业融合发展对于整体农民增收具有一定的促进作用。

（五）进一步深入打造宜居宜业美丽乡村

2021 年，烟台市认真贯彻中央、省农村工作会议精神，牢固树立“绿水青山就是金山银山”理念，聚焦农村人居环境整治重点突破，因地制宜、强化措施、健全机制，持续推进农村人居环境整体提升，胶东特色美丽乡村建设成果初显。

第一，因地制宜分类施策全域推进促整治。

坚持市级制定标准、区市对标落实、镇村联动整治，用标准体系衡量工作成效、卡实目标任务。制定印发《2021 年烟台市农村人居环境整治评估标准》，将 15 个区市、134 个乡镇（涉农街道）、5 900 个村居纳入农村人居环境整治范围，细化现场评估 4 大类 14 项评价指标。将全市建成区外行政村分为三类，分类建设、梯次晋级，年底三类村占比从 3∶4∶3 变为 4∶4∶2。在全省率先创新开展“三转两促一提升”专项行动，市、县、镇、村四级全面行动起来，重点清理村庄内外、房前屋后柴草杂物以及背街小巷、隐蔽角落散落垃圾，有序治理残垣断壁、私搭乱建等难点问题。

以龙口市为试点，总结推广《农村人居环境整治标准手册》，区别划分 15 个重点整治区域，逐一细化标准，以图片对比等简单易懂形式，让基层准确掌握环境整治干什么、怎么干、干到什么样。进一步拓展优化“三清一改”内容，推动工作重心由“清脏”向更注重“治乱”转变、由“全覆盖”向更注重“抓精细”转变、由“村内为主”向更注重“村边沿线”转变，促进集中清理到长效保持，有效提升农民群众环境意识。

第二，深化整治落实重点集中攻坚促提升。

坚持补短板、强弱项，结合烟台实际，明确目标任务，启动实施新一轮农村人居环境整治行动，制定印发《烟台市农村人居环境整治提升 2021 年督查推进工作方案》，锚定“四个重点”全力攻坚。

深入推进村庄清洁行动。接续打好村庄清洁行动“春季战役”“夏季战役”，全市清理农村生活垃圾 49 万吨、河塘沟渠 6 800 公里，累计创建清洁村庄 4 100 余个，覆盖率达到 70% 以上。清洁美化庭院环境，全市建成“美丽庭院”24.3 万户。实施农村公路网络化建设，年内新建农村公路 500 公里，更新提升村内“户户通”道路。配套出台《关于加快推进农业废弃物综合利用的实施意见》，年内农作物秸秆、废弃农膜果袋、农药包装物等各类农业废弃物综合回收利用率达到 90% 以上。

全面推进农村生活垃圾治理。健全完善城乡环卫一体化体系，2021—2023 年连续三年，市财政每年安排专项资金 1 亿元，按照“困难补助 + 专项补助＋考核激励”相结合方式，支持各区市更新垃圾收运设施、保障保洁员待遇、开展垃圾分类试点。

加快推进农村生活污水治理。启动新一轮农村生活污水治理五年计划，完成治理行政村 462 个，每年治理率提升 11%。扎实推进农村改厕规范升级，建设农村改厕服务站 475 个、粪污处理及资源化利用项目 158 个，改厕后续管护长效机制覆盖 57 万户。认真抓好农村厕所革命问题摸排整改，2021 年，对 12 个区市 82 个镇 164 个村进行了第一轮督导检查，及时将农户改厕需求纳入计划，完善改厕运维管理长效机制。

着力完善农村基础设施配套服务。加快城乡供水一体化，完成农村规模化供水村庄 1 879 个，规模化供水率达 80%。巩固城乡环卫一体化成果，聘用农村保洁员 1.8 万余人，开展农村垃圾分类试点村 30 个。不断提高乡村基本公共服务水平，完成农村清洁取暖改造 20 万户，改造“四好农村路”2 240.7 公里，农村通有线电视、通宽带网络、通公交、通快递基本实现全覆盖。

第三，树标杆立样板美丽乡村典型示范促突破。

坚持农村人居环境整治与乡村振兴相结合，突出区域特点，实施烟台市美丽乡村建设提升三年行动，推动从“点上美”到“全域美”。

实施美丽乡村分类推进工程。将全市建成区外行政村划分为一类样板示范村、二类达标提升村、三类重点攻坚村，分类建设管理、年度梯次晋级，计划用 3 年时间，样板示范村占比达到 50%，基本消除重点攻坚村，争创省级美丽乡村示范村 280 个。

实施美丽乡村示范片建设工程。以“全力打造美丽乡村升级版”为目标，集中连片、突出特色，2021 年起连续 4 年，市财政每年奖补 1 亿元开展美丽乡村示范片、样板村创建。2020—2021 年，创建首批 14 个美丽乡村示范片、105 个样板村，目前共实施项目 458 个，完成投资近 9 亿元，以莱阳濯村、招远大户陈家、牟平邹家庄为代表的一批乡村振兴样板，已成为市民追寻乡愁、争相游览的网红打卡地。2021 年创建省级美丽乡村示范村 41 个、省级美丽村居试点 12 个。

实施乡村振兴示范镇创建工程。集成齐鲁样板示范区、美丽乡村示范片、现代农业产业园、产业强镇等政策，从 2021 年起每年创建 10 个左右乡村振兴示范镇，到 2023 年底全市创建五大振兴带动作用明显的示范镇 30 个，促进县域城乡融合发展，引领全市乡村振兴突破发展。

第四，长效管理常态监督真督实考促落实。

坚持农村人居环境整治常态化、长效化、制度化，将农村人居环境整治纳入全市挂图作战重点工作调度平台，实行“蓝黄红”亮牌管理，纳入年度实施乡村振兴实绩考核和干部执行力档案管理系统。“四抓四促”烟台模式得到农业农村部、国家乡村振兴局刊发推广。

濯村樱花大道（烟台市农业农村局供图）

构建顶格推进机制。2021 年，市委、市政府主要负责同志 4 次召开专题会议研究部署农村人居环境整治提升工作，分管负责同志每月深入基层一线督导调研，及时协调解决遇到的困难问题。建立农村人居环境整治部门会商机制，对重点工作共同研究、协同作战、形成合力。

构建督导考评机制。以铁路、高速路、国省道路域环境及沿线村庄为重点，每月开展区市交叉互查暗访，全市排名通报。2021 年 6 月开始到年底，对照农村人居环境整治提升四大类 15 项重点工作指标，采取市直单位评分与暗访评估相结合，随机抽查与全覆盖相结合的方式，每月对 15 个区市 134 个涉农镇街进行考评，对排名前 3 位区市、前 30 位镇街亮蓝牌，后 3 位区市、后 30 位镇街亮红牌，对连续两个月亮红牌的区市、镇街进行约谈。

构建排查整改机制。通过《问政烟台》、胶东在线、12345 热线、网上民声、微信公众号等平台，畅通监督渠道，广泛听取民意，对群众反映的环境整治问题线索，逐一核查整改落实。2021 年市级暗访抽查村庄 1 103 个，共发现问题点位 13 396 处。“督查问题清单”双向反馈市直部门和区市，立行立改、举一反三、全面提升。

（六）进一步提升组织保障力和人才贡献度

近年来，烟台市创新推行村党支部领办合作社，将党支部政治优势、组织优势与合作社经济优势、群众能动性深度结合，以组织力提升促进乡村全面振兴，一揽子解决了支部弱、集体穷、群众散、产业衰等现实问题。截至目前，共有 3 245 个村党支部领办合作社，占总村数的 52%，带动集体增收 3.9 亿元、群众增收 5 亿元。相关经验获评“中国三农创新十大榜样”，先后 6 次走进全国组织干部学院、山东省委党校课堂宣讲，《人民日报》《求是》等媒体刊发烟台经验，吸引全国各地 1.8 万人次来烟台考察学习。

基层党组织是推进乡村振兴的“主心骨”。烟台实施党建引领，强化党对农村工作的全面领导，提升基层党组织组织力，为乡村振兴提供坚强组织保证。2021 年，集中开展软弱涣散党组织专项整治攻坚行动，确定 314 个问题突出村集中整治。调优配强村级班子，开展集体“三资”专项清理，逐村落实“五个一”整治措施。建成党建融合发展区 368 个，覆盖村庄 3 500 余个，以组织融合促服务、治理、产业融合，推动公共服务事项下沉办理，共建共兴、共治共享格局初步形成。

党支部领办合作社关键在于有个好班子，特别是要有个好书记。2021 年，烟台市以村“两委”换届为契机，选优配强了村“两委”干部。高质量完成村“两委”换届，“一肩挑”比例 99.4%。开展“新班子新征程新作为”主题活动，累计培训 333 期次、3.9 万人次，确定干事创业项目 4.8 万个。其中，市委组织部先后在浙江大学、市乡村振兴学院举办村党组织书记示范培训班 9 期、700 人次，不断提升村干部谋发展、抓发展的能力水平。试点村党组织书记专业化管理，建立多元化薪酬体系，激励干事创业。

育强用好头雁领航，连续 3 年组织村党支部书记到浙江大学专题研修，建立乡村振兴实训基地，组织头雁跟班实训，在干中学、在学中干；设立专项增量奖，从集体增收中给予村干部最高 10 万元奖励，激励担当作为。持续提升党支部领办合作社质效，先后列支专项资金近 2 亿元，组建专家顾问团，建成联合社 190 个，全面开展评星定级。完善“六统一”风险防控机制，严格防控风险护航。

2021 年，烟台严格落实 5 年过渡期内政策总体稳定，持续巩固脱贫人口“两不愁三保障”成果。目前，全市共有监测帮扶人口 430 户、839 人，2 191 名脱贫人口和监测帮扶人口通过乡村公益性岗位上岗。创新实施“20100”重点镇村帮扶行动，在全市筛选确定 20 个镇 100 个村作为重点帮扶镇村，市级财政对每个村每年支持 20 万元，同步实行领导干部包村、企业结对联村、第一书记驻村，补齐要素短板，增强内生发展动力。

乡村振兴关键在人才振兴。烟台高度重视人才工作，在农业领域人才培养、使用、引进、管理和服务等关键环节，用心部署和研究，人才政策相继出台和落地，各类招才引智平台载体建设不断推进，人才服务措施不断优化，高效农业领域高端人才引进工作成绩突出，乡村人才队伍不断壮大。到 2021 年年底，全国家庭农场名录系统填报数量已超 300 万个，返乡入乡创业人员达 1 120 万人。

2021 年，举办首届烟台高层次人才创新创业“嘉年华”系列活动 22 场，引进高层次人才 62 人，签约项目 42 项，金额 4.6 亿元。设立引才工作站、发布“求贤榜”，解决农业人才岗位需求 341 个。2021 年以来，组织开展农村转移劳动力职业技能培训 5.55 万人次，512 名基层专技人才获得基层高级职称。

扎实开展乡土人才培育工作。2021 年，举办乡村面艺师、苹果苗木嫁接等技能竞赛，搭建乡土人才技艺交流平台，入选烟台市首席技师 12 人。2021 年 12 月 31 日，烟台市农研中心（农广校）高素质农民经营管理培训圆满收官。本年度培训自 10 月 25 日至 12 月 31 日，共举办 29 期，培训高素质农民 5 564 人，网上评价达到 111.5%，满意度 100%，高质量完成了 2021 年高素质农民培训任务。自 2012 年开展高素质农民培育工程至今，涌现出了众多优秀的农技能人、合作社理事长、农业经理人、家庭农场主等农业专业人才。他们是乡村新业态的先行者、科技兴农的引领者、新型农业经营主体的带头人，成为推动烟台市乡村振兴的强大动力。

2021 年烟台市高素质农民经营管理培训班（烟台市农业农村局供图）

近年来，烟台市强化人才支撑，成立乡村振兴学院，组建专业师资库；筛选 100 名农业专家组建顾问团，到村指导服务，解决问题 530 余个。积极开展技术技能培训，2021 年，完成农村转移劳动力职业技能培训 3.68 万人次。依托省级服务乡村振兴继续教育基地，完成乡村振兴人才培训 1.35 万人次。

四、“十四五”时期烟台市乡村振兴发展中期展望

“十四五”时期是我国全面建成小康社会、实现第一个百年奋斗目标之后，乘势而上开启全面建设社会主义现代化国家新征程、向第二个百年奋斗目标进军的第一个五年，也是烟台市加快新旧动能转换、推动高质量发展的关键五年。全面建设社会主义现代化国家，最艰巨最繁重的任务仍然在农村。必须坚持农业农村优先发展，坚持城乡融合发展，畅通城乡要素流动。必须加快建设农业强国，扎实推动乡村产业、人才、文化、生态、组织振兴。

“十四五”时期烟台市政府工作的总体要求是：以习近平新时代中国特色社会主义思想为指导，全面落实党中央、国务院决策部署，认真贯彻省委“六个一”发展思路、“六个更加注重”策略方法、“十二个着力”重点任务和“十大创新”要求，坚持稳中求进工作总基调，完整、准确、全面贯彻新发展理念，主动服务和融入新发展格局，以推动高质量发展为主题，以深化供给侧结构性改革为主线，以改革创新为动力，以满足人民日益增长的美好生活需要为根本目的，统筹疫情防控和经济社会发展，统筹发展和安全，聚焦构建“1+233”工作体系和“12335”中心城区建设格局，践行“五个更高”目标要求，全力打造更具竞争力的新时代现代化国际滨海城市。作为市委、市政府确定的两大主线任务之一，乡村振兴战略的实施关乎烟台市城乡融合发展的水平，关乎新型城镇化和县域经济发展水平，关乎共富烟台的建设水平。

“十四五”时期，烟台市将持续增强社会合力，勇当共同富裕之先锋。瞄准实现共同富裕战略目标，积极探索具有烟台特色的实践途径。强化就业优先导向，城镇新增就业 50 万人以上，居民人均可支配收入突破 6 万元。全面推进乡村振兴，稳定粮食生产，发展富农产业，省级美丽乡村示范村超过

360个，率先建成乡村振兴齐鲁样板示范市。完善公共服务体系，在教育、医疗、养老、住房等群众最关心的领域精准提供基本公共服务。持续提升社会保障标准，扩大社会保险覆盖范围，形成更加完善的社会救助体系，打造公益慈善之城。积极回应群众对美好生活的向往，从群众最关心的地方做起，把群众最需要的事情做实，在一点一滴中让市民感受到城市的温度和热度，让民生答卷写满获得感、幸福感、安全感。

2022年是党的二十大召开之年，是新旧动能转换“五年取得突破”的决战之年，也是新一届市政府开局之年。烟台市农业农村工作将认真贯彻落实中央、省委农村工作会议精神和市委、市政府工作部署，践行“三明三强”要求，锚定市委“1+233”工作体系，按照强化一个引领、守牢三条底线、聚力三项突破、推进八大行动“1338”工作思路，着力打造乡村振兴齐鲁样板示范市。

第一，统筹城乡发展，在提高新型城镇化质量上奋力突破。

精心打造滨海黄金旅游带，提升滨海中路景观，启动建设海上世界基础设施和烟台港指挥调度中心、财金大厦等项目，开建崆峒胜境。精心打造夹河生态景观带，实施水环境治理与景观提升，建设夹河入海口公园。完成山海步道3公里示范段。全力化解烂尾工程，加快建设安置房，让群众早日回迁。

全面推进乡村振兴。加强耕地保护和质量建设，抓好粮食生产和重要农产品供给，建设高标准农田12.3万亩，粮食产量保持在180万吨左右。实施“1+6”特色产业集群培育工程，完成27万亩老龄苹果园改造，推广优质高效品种，充分发挥山东苹果·果业产业技术研究院作用，做强烟台苹果千亿级产业集群，做优白羽肉鸡、海参、花生和食用油等6个百亿级特色产业集群。集约发展农产品精深加工，新培育市级以上农业龙头企业43家。加快构建“1+2+X”葡萄酒产业空间布局，高标准建设张裕葡萄酒小镇、中国葡萄酒国家馆、丘山谷葡萄酒养生休闲体验区，打造工农结合、文旅益彰的国际葡萄酒城。培育玉米、小麦、海产品等优势种业，育成新品种、新品系3个以上。实施农村人居环境整治提升行动，加强和创新农村社会治理，创建38

个省级美丽乡村示范村。大力发展农村新型住房，改善居民住房条件。实施人才兴农计划，开展农村转移劳动力培训 2 万人次以上。巩固拓展脱贫攻坚成果，坚决防止返贫和新致贫。

第二，持续改善民生，在推动共同富裕上奋力突破。

全力稳就业保就业。着力推进大众创业万众创新，扎实做好重点群体就业创业服务，加大困难群体就业援助，新设公益性岗位 2.5 万个，开展技能提升和创业培训 9 万人次，城镇新增就业 10.3 万人以上，城镇登记失业率控制在 4.4% 以内。办好人民满意的教育。启动学前教育发展提升行动，学前教育公办率达到 60%。新改扩建 30 所中小学校，巩固“双减”工作成效，全面推行中小学课后托管服务。

提高卫生健康水平，新建 16 个农村（郊区）急救站、350 处县级以上示范村卫生室。完善社会保障体系，各类困难群体基本生活保障标准再提高 10% 以上。丰富群众精神文化生活。完善市县乡村公共文化服务设施体系，建设书香烟台。实施优秀文化“双创”和革命文物保护利用工程，开展非遗“六进”活动，让非遗焕发时代光彩。

第三，努力扩大内需，在畅通城乡要素流动上奋力突破。

把稳增长放在更加突出位置，坚持“稳字当头、稳中求进”，扎实做好“六稳”“六保”工作，全面落实扩需求“十大行动”，努力实现经济质的稳步提升和量的合理增长。全面展开“七网”行动。扶持发展供应链贸易、大宗商品贸易、农村寄递物流。织密现代水网，实施水系连通工程，推进 29 个水网项目，完成老岚水库枢纽工程 70% 的总投资量，实施 717 个村庄管网新建改造、301 个村庄自来水工程。织密新型基础设施网，新建 3 000 个 5G 基站。织密农村基础设施网，改造农村公路 2 000 公里，实现清洁取暖 16.3 万户，全面提升农村生活污水治理率。

大力促进消费升级。开展家电进村、汽车下乡，推动农副产品进商超、进餐馆。坚持线上与线下消费融合，加强国家电子商务进农村综合示范项目建设，精准推动农商互联、产销对接。推进重点领域改革，深化农村土地制度改革，推动农村土地经营权流转。

“十四五”时期，烟台市将全面实施乡村振兴战略，健康有序推动乡村产业振兴、人才振兴、文化振兴、生态振兴、组织振兴，强化以工补农、以城带乡，推动形成工农互促、城乡互补、协调发展、共同繁荣的新型工农城乡关系，农业农村现代化加快建设，共同富裕扎实推进。

春花争艳枝头俏（烟台市农业农村局供图）

五、新时代共富烟台乡村振兴战略实施对策建议

民族要复兴，乡村必振兴。烟台市始终牢记习近平总书记殷殷嘱托，把实施乡村振兴战略作为新时代“三农”工作总抓手，认真贯彻落实中央、省委农村工作会议精神，锚定市委“1+233”工作体系，按照强化一个引领、守牢三条底线、聚力三项突破、推进八大行动“1338”工作思路，着力打造乡村振兴齐鲁样板示范市。

第一，强化党建引领，提升乡村发展领导力。

加强基层基础建设。全市涉农市直部门和县乡村各级党组织认真学习贯彻党的十九大及历次全会精神，落实好“三会一课”、主题党日、党小组学习、双重组织生活会、党组理论学习中心组学习等制度，巩固拓展党史学习教育成果。擦亮“乡村振兴当先锋，服务三农党旗红”党建品牌，强化模范机关建设，开展星级支部评定和“学典型，当先锋”活动。坚持党领导下的宗教、统战工作，完善相关制度。认真做好工会、团委、妇女、老干部等各项工作，以党建带动群团组织建设。

加强作风建设。严格履行从严治党主体责任和“一岗双责”，严格执行新形势下党内政治生活若干准则和民主集中制。严格落实《“三重一大”事项实施细则》，一体推进“三不”方针方略，强化对权力运行的制约和监督。落实“三明三强”大会精神，开展“能力作风建设年”活动，大力倡树“严真细实快”工作作风。

加强干部素质建设。掀起全市农业系统大培训、大练兵、大比武、大竞赛热潮，开展“1+2+N”百名干部走基层办实事、双“1+1+1”组团式传帮带、双向“1+N”导师制综合文字讲习班 3 项活动，全面提升干部专业化能力。全市涉农部门和基层县乡树立选人用人正确导向，建立年轻干部培养选拔机制，努力造就一批政治素养高、业务能力强、担当作为的年轻干部。制定农业技术基层正高级指导意见和高素质农民职称指导意见，探索全市基层农业技术正高级、高素质农民副高级职称评审工作。强化实用人才队伍建设，增加市级乡村之星评审数量。

第二，守牢三条底线，扎牢乡村振兴安全线。

守牢粮食安全底线。严格落实粮食安全党政同责考核要求，逐级压实责任，2022 年完成 454.2 万亩粮食、12.5 万亩大豆、2 万亩玉米大豆带状复合种植任务。加快推进吨粮县、吨粮镇建设。健全农民种粮收益保障机制，保护好农民种粮和地方抓粮积极性。扩大农业保险覆盖面，确保小麦、玉米等主粮投保率达到 80% 以上。实施“一喷三防”和“科技壮苗”行动，落实田间管理各项技术措施，抓好植物病虫害、自然灾害防控，确保粮食丰产丰收。加快构建现代种业产业体系，持续巩固提升农作物、苗木、畜牧种业国内领先地位。年内组建全链条育种攻关联合团队 10 个，育成突破性新品种、新品系 3 个以上，建设市级农作物新品种展示示范基地 1 处，培育“育繁推一体化”现代种业企业 1 家。

坚决落实最严格的耕地保护制度。采取长牙齿的硬措施，遏制耕地“非农化”，严格管控“非粮化”。严格落实耕地地力保护补贴等政策，提高农民种粮积极性。全面推进撂荒耕地排查整治，改造提升集中连片撂荒耕地 1 万亩以上。完成 12.3 万亩高标准农田建设任务，开展新一轮 6 万亩高标准农田建设。推广有机肥替代、高效节水等绿色发展模式，持续推动农药化肥减量增效。加强土壤污染管控与修复，加大对土壤酸化、重金属污染和农药残留耕地改良修复力度。受污染耕地安全利用率达到 96% 以上。

守牢不发生规模性返贫底线。严格落实“四个不摘”，保持现有帮扶政策、资金支持、帮扶力量总体稳定，提升“两不愁三保障”和饮水安全水平，巩固拓展脱贫攻坚成果同乡村振兴有效衔接。加强防返贫动态监测帮扶。健全完善防返贫动态监测帮扶机制，加强“1+4”防返贫动态监测督控工作体系建设，对符合监测帮扶条件的困难人口做到早发现、早纳入、早帮扶，有效防止返贫和新致贫。拓宽脱贫人口稳定增收渠道。支持重点帮扶镇村全面振兴。创建 1 个省级衔接乡村振兴集中推进区。实施“20100”重点镇村帮扶行动，支持 20 个重点帮扶镇、100 个重点帮扶村发展，通过领导干部包村、第一书记驻村、企业商会联村，梯次提升、整村打造，年内基本消除三类村。

守牢安全生产底线。强化农业行业领域安全生产监督管理。卡实、压紧生产经营单位安全生产主体责任，进一步健全全员安全生产责任制，完善全员安全生产责任清单，落实全员安全生产教育培训，建立健全安全风险分级管控和生产安全事故隐患排查治理制度。做好信访稳定工作。以《山东省信访条例》等法规规章为依据，以事实为准绳，依法及时解决群众合理诉求；进一步健全化解机制，提高信访工作规范性，把解决信访问题的过程作为践行党的群众路线、做好群众工作的过程。

第三，推进八大行动，推进乡村产业发展提质增效。

农业产业化提升行动。加大农业产业培育和发展激励力度，发展壮大乡村富民产业。加快农业产业化龙头企业雁阵培育，省级龙头企业新增 3 家达到 86 家；市级龙头企业增加 40 家以上达到 280 家，在 2020 年 139 家的基础上实现总量翻番。抓好食品产业链建设工作，以莱阳食品工业园为领建园区，以牟平、栖霞、莱阳、招远、莱山、黄渤海新区等为重点，聚焦苹果（果蔬）、花生（食用植物油）、白羽肉鸡（禽类）、生猪（牛羊）、龙口粉丝、宠物食品、预制菜等“6+1”产业链，筛选 10 个左右“链主”企业，强化招商引资，大力推进项目建设，加快推动食品产业建链、延链、补链、强链。加快推进新型农业经营主体培育，新发展农民专业合作社 500 家、家庭农场 400 家、农业社会化服务组织 200 家。创建省级现代农业产业园 1 ～ 2 个、省级农业产业强镇 5 个、省乡土产业名品村 100 个。推进农产品产地冷藏保鲜设施项目建设，提升产业链供应链现代化水平。组织申报第二批山东省农产品出口产业集聚区和出口示范企业。

农业品牌创建行动。重点打造“烟台仙果”全品类整体区域公用品牌，突出烟台苹果、烟台大樱桃、莱阳梨等领军品牌地位，深入挖掘“品道烟台仙果香”文化内涵，开展全媒体宣传推介，扩大品牌影响力、市场竞争力。积极组织申报第七批山东省知名农产品品牌评选。鼓励、扶持龙头企业和合作社参加全国知名的农产品展销会，组织好烟台苹果省外精准营销活动。高标准举办第三届中国·山东国际苹果节和农民丰收节系列活动。

标准化生产促进行动。构建以产品为主线、全程质量控制为核心的现代农业全产业链标准体系。建立适用烟台市的绿色、有机农产品和地方优势特色产品生产技术规程体系。鼓励企业和科研单位参与制定国家、国际标准。大力推进食用农产品质量安全可追溯管理，全面推行食用农产品承诺达标合格证制度，鼓励支持新型经营主体开展绿色食品、有机农产品、农产品地理标志认证，整建制推进绿色食品原料基地建设，提升加工产品绿色认证规模。2021 年新发展“三品一标”90 个，农产品抽检合格率保持在 98% 以上。大力推进蔬菜产业规模化种植、标准化生产，全年设施蔬菜播种面积稳定在 36 万亩左右。

农业绿色发展行动。大力发展种养循环、生态农场、轮作休耕、畜禽标准化适度规模养殖等农业绿色生产方式，集成推广一批农业绿色发展技术，促进农业绿色低碳循环发展。2021 年制定《烟台市畜禽粪肥土壤施用技术规范》，全市畜禽粪污综合利用率保持在 95% 以上。推进农膜、反光膜科学使用回收，打好白色污染整治攻坚战。积极推进秸秆综合利用，严格落实秸秆禁烧，秸秆综合利用率 96% 以上。争创省级农业绿色发展先行县。

农业科技“展翅”行动。做好科技教育宣传培训工作。加强基层农技推广体系改革与建设，在全市建设一批高标准农业科技示范展示基地，开展适合烟台市实际的农业主推技术遴选和发布工作。继续做好公费农科生定向培养和高素质农民培育等工作，年内完成高素质农民培育 3 000 人左右。开展农机化示范创建，推动农机农艺融合。全市农作物耕种收综合机械化水平达到 91.7%。加快建设烟台市农业农村工作“一张图”信息化平台，完成专题图 21 个。

农村人居环境整治提升行动。在前期农村生活垃圾整治取得阶段性成果基础上，深入开展农村残垣断壁、乱堆乱放、乱涂乱画、农村违建、电线乱搭乱挂和村边、路边、沟塘边垃圾整治。以国省道、县乡路、高速路、高铁沿线和重要河流沿岸为重点，继续开展以反光膜为重点的农膜清理回收利用工作，巩固农业面源污染整治成效。统筹协调做好农村基础设施建设工作，推动农村基础设施建设与农村人居环境整治、美丽乡村建设和乡村振兴互促互进。

法治政府建设行动。严格推进依法决策，制定规范性文件合法审查制度，加强重大行政决策合法性审核，严格遵循法定权限和程序作出行政决策。严格规范公正文明执法，积极推行农业执法“派驻模式”，理顺全市农业执法体系。组织开展农业执法技能竞赛，提升农业执法能力。严格落实行政执法“三项制度”，强化执法监督。做好“双随机、一公开”工作，强化事中事后监管。推进法治宣传教育，认真落实普法责任清单，以培育农村学法用法示范户为抓手，推动宪法、民法典和涉农法律进农村。加强机关宪法和法治宣传教育，引导党员干部做遵法学法守法用法的模范，着力为乡村振兴提供农业法治保障。

农村综合改革行动。总结推广龙口市、招远市深化农村集体产权制度改革“政经分离”试点成果，争取2022年全市实现“政经分离”村居达50%以上。新选取4个区市（牟平、栖霞、莱州、招远）开展农村产权流转交易市场规范化建设试点，围绕稳定完善农村土地承包关系、强化农村产权流转交易市场建设、规范化开展农村承包土地经营纠纷调解仲裁等开展相关探索，提高农村要素资源配置和利用效率，保障农民和农村集体经济组织的财产权益。

II

专题报告

PART TWO

烟台市乡村振兴绩效评价

硕果累累

（烟台市农业农村局供图）

2021年，烟台市委、市政府以习近平新时代中国特色社会主义思想为指导，深入贯彻落实党中央决策部署和省委省政府工作要求，创新体制机制，卡实目标责任，狠抓任务落实，实施乡村振兴战略取得阶段性成效，齐鲁样板烟台篇章成果初显。

一、烟台市乡村振兴的基础条件

党的十八大以来，烟台市农业农村发展取得了历史性成就，为乡村全面振兴创造了良好条件。特别是2018年以来，烟台市坚持农业农村优先发展，抓牢抓实各项工作，乡村振兴发展方向更加明确，农业产业化水平进一步提高，美丽乡村建设成效明显，基层基础得到夯实，为高标准谱写乡村振兴齐鲁样板的烟台篇章奠定了坚实的基础。

（一）农业发展动能加速转换

农业发展水平显著增强，2020年全年农林牧渔业总产值1 071.34亿元。农业综合生产能力稳步提升，累计建设高标准农田312万亩，粮油产能产量稳定提升，苹果、大樱桃、葡萄酒产业领跑全国，水产品、畜产品产量均居全省前列。农业产业化水平不断提升，培植起了优质粮油、品牌果品、品质蔬菜、生态畜牧、现代水产等五大支柱产业，形成了粮油加工、果品加工储藏、蔬菜加工、畜牧加工、水产品加工、粉丝加工、葡萄酒酿造七大绿色加工产业集群，年产值突破2 000亿元。2020年全市百亿级以上农村产业融合发展集群数量达到4个，全市特色农产品网络销售额达到2亿元以上，创建年交易额过30亿元的农产品加工园区10个以上。农业区域公用品牌建设方面，烟台市“山东省知名农产品区域公用品牌”达到5个，完成乡村振兴战略规划的目标设定；“山东省知名农产品企业产品品牌”达到48个，总量位居全省第一，基本实现乡村振兴战略规划的目标预期。深入开展国家、省、市、县现代农业产业园四级联创，创建现有国家级现代农业产业园1个、省级6个、市级9个，现代农业产业园发展形成梯次推进格局。2018—2020年全市“三品一标”种植业和畜牧业农产品分别新增131、141和119个，农产品质量安全抽检合格率与“三品一标”农产品数量均完成乡村振兴战略规划的预定目标。同时，烟台市先后被评为首个地市级“中国绿色食品城”和“山东省出口农产品质量安全示范市”。

（二）农村发展活力持续增强

截至2017年年底，全市土地承包确权颁证率和流转率分别达到95.82%、12.3%。集体林权改革深入开展，明晰产权701.39万亩，发证率达到93.2%。农村集体产权制度改革稳步推进，清产核资农村集体资产3.1亿元，成立新型农村集体经济组织31个。在此基础上，2018年完成全部涉农村居的清产核资工作，完成50%以上涉农村（居）的改革任务；2019年基本完成改革任务，赋予全国统一社会信用代码并发放新型农村集体经济组织证书；2020年开展扫尾工作，基本建立起符合市场经济要求的农村集体经济运行新机制，全市6 439个涉村（组）完成集体产权清产核资、身份确认、股权量化、成立集体经济组织等工作，占总村数的99.97%，基本建立了归属清晰、权责明确、保护严格、流转顺畅的现代农村集体产权保护制度，有力保障了农民合法权益。市级和蓬莱、海阳、招远农村产权流转交易中心已经挂牌成立并开始运转。新型农村合作金融改革试点和供销社综合改革试点取得阶段性成效。粮食直补、农资综合补贴、良种补贴“三补合一”改革试点扎实推进，农业政策性保险实现县（市、区）全覆盖。

（三）农民生产生活条件明显改善

美丽乡村标准化建设加快推进，截至2020年年底，全市A级美丽乡村达到33%，在全省率先建成生态宜居的新时代美丽乡村。2018—2020年三年的时间，以镇域为基本单元进行全域推进、整体提升，每年培育新时代美丽乡村建设示范镇10个，建设新时代美丽乡村建成镇30个。农村基础设施建设不断加强，农村自来水普及率保持在96%以上，2020年达到96.5%。农村“七改”工程全面提速，人居环境整治持续推进。推进农村“四好”公路建设，在实现道路“村村通”的基础上，积极推进农村道路“户户通”，实现农村道路“户户通”村庄占比接近90%，完成农村公路改造养护工程1 657公里，

4 627 个村庄通户道路全部完成硬化。截至 2020 年年底，全市农村无害化卫生厕所普及率达到 93.2%，农村自来水普及率达到 96.5%。农村垃圾污水治理水平显著提高，城乡环卫一体化全覆盖，建设运营一体、区域连片治理的污水治理模式进一步发展。

（四）城乡统筹发展机制初步形成

“十三五”期间，烟台市新型城镇化水平稳步提升，农民收入水平不断提高。截至 2021 年年底，烟台市农村居民人均可支配收入 2.46 万元，城乡居民收入差距缩小到 2.16：1。农村公共服务不断完善，整合城乡居民基本医疗保险，稳步提升医疗保险待遇水平，建立起城乡一体的居民基本医疗保险制度；推进城乡居民养老保险整合，建立完整的居民养老保险制度体系；推进县域义务教育均衡发展，优质教育资源向农村地区延伸。

（五）乡村文明程度和治理水平显著提升

2020 年，烟台市深化拓展新时代文明实践中心建设，建成县级实践中心 15 个，镇（街）实践所 164 个，实现市域全覆盖，村（居）实践站 5 842 个，市域覆盖率超过 85%，文明达标村市域覆盖率达到 89.35%。烟台市是国家公共文化服务体系示范区，乡风文明和社会治理基础良好。大力推进过硬支部建设，农村基层党组织建设不断加强。村民自治不断深化，全面推行村级重大事项民主决策、民主管理、民主监督，落实“四议两公开”、党务村务财务公开、村干部“小微权力清单”等制度，有效保障了村民参与村庄管理的权利。持续加强农村法治德治建设，创新开展“法德共进”、四德工程等一系列农村基层治理基础工程建设，“四德榜”村（居）建榜率超过 90%，“法德共进”深入有效开展。平安乡村建设不断深化，深入扎实开展“雪亮工程”“民主法治示范村”创建等系列活动，农村治安防控体系更加完善，突出治安问题得到有效治理。

总体来说，《烟台市乡村振兴战略规划（2018—2022 年）》贯彻落实前，烟台市“三农”事业发展已经站在了新的起点上，为实施乡村振兴战略奠定了坚实基础。

二、烟台市乡村振兴的绩效指标体系构建

（一）基本原则

1. 导向性与综合性相结合

导向性是指通过对乡村振兴战略实施工作的动态监测、综合评价，将乡村治理逐步引导到乡村振兴战略实施的轨道上来。而综合性主要是指要考虑到评价体系是一个综合体系，各项指标之间有着千丝万缕的联系，因此，必须从多层次、多方面、多角度地反映乡村振兴战略实施的实际情况。导向性代表着激励和发展，综合性代表着责任和承担。

2. 典型性与可比性相结合

典型性是指评价体系应具有的代表性。作为评价体系，应尽可能准确地反映出上级党委政府对发展目标的要求，反映出人民群众对乡村治理的真正意愿。而可比性是指评价体系应具有的比较性。因为评价体系是建立在现有的统计制度之上的，所以，所选指标必须是可度量的，既要便于操作，易于采集，又要有可比性，可用来做比较，并确保其准确性。

3. 创新性与历史性相结合

创新性是指评价体系要推陈出新。因为对乡村振兴战略实施进行监测评价是一项全新的工作，各个地区的发展情况差异性较大，评价体系尚难以统一。因此需要不断尝试，根据地区特征创新评价体系。历史性是指评价体系要尊重历史、注重传承。任何社会评价都必须历史地、发展地、全面地看问题，对于乡村振兴战略实施而言，其评价体系也必须与传统的评价体系联系起来看，吸收其先进、可用的养分，祛除其过时、落后的成分，以保持其先进性。

4. 硬指标与软指标相结合

硬指标是指评价体系中比较刚性的指标，包括物质激励、经济发展、人均收入、基础设施、社会保障等，这些指标往往是可以直接量化的。而软指标是指评价体系中比较柔性的指标，比如文化、道德、社会建设、生态保护、乡村文化遗产保护、乡村人才保护等指标是定性的，无法直接量化，需要进

行一定的计算和转换。在以往的一些评价体系中，人们往往比较重视硬性指标，因为它们便于量化统计，而不重视定性的软指标。但科学、全面及合理的乡村振兴绩效评价需要兼顾硬指标与软指标。

（二）主要目标

1. 产业兴旺

实施乡村振兴战略，是加快烟台市农业由大到强跨越转变的必由之路。烟台农业正处于由大到强加快转变的关键期。实施乡村振兴战略，落实高质量发展的要求，深化农业供给侧结构性改革，推进农业由增产导向转向提质导向，促进农业农村发展新旧动能转换，有利于加快构建烟台市现代农业产业体系、生产体系、经营体系，有利于提高烟台市农业创新力、竞争力、全要素生产率，有利于提高烟台市农业质量、效益、整体素质，实现烟台市由农业大市向农业强市跨越性转变。

2. 生态宜居

实施乡村振兴战略，是建设生态城市美丽烟台的现实要求。建设生态文明是中华民族永续发展的千年大计。农业是生态产品的重要供给者，乡村是生态涵养的主体区，良好生态环境是农村最大优势和宝贵财富。烟台依山傍海、陆海兼备，山海岛泉河各种生态资源丰富，山水林田湖各类生态系统众多。实施乡村振兴战略，践行“绿水青山就是金山银山”理念，以绿色发展引领乡村振兴，统筹陆海生态建设，坚决守住生态保护红线、环境质量底线、开发利用上线，扎实做好环境保护、生态修复、污染防治，培育发展绿色产业、绿色产品、绿色经济，有利于促进人与自然和谐共生，率先实现生产美、生态美、生活美有机统一。

3. 乡风文明

实施乡村振兴战略，是实现烟台乡村文化繁荣兴盛的重要途径。烟台是历史文化名城，具有深厚的传统文化底蕴；又是胶东红色文化的发源地、全国文明城市和国家公共文化服务体系示范区，具有先进文化的良好基础。实施乡村振兴战略，进一步繁荣发展农村先进文化，深入挖掘乡村文化丰富内涵，并将其与具有当代价值的文化精神相结合，有利于烟台优秀传统文化焕发新的魅力和风采，有利于提振农村精气神，增强农民凝聚力，孕育社会好风尚。

4. 治理有效

实施乡村振兴战略，是构建新型乡村治理体系的迫切需要。乡村治理既是国家治理体系的重要组成部分，也是实现乡村振兴的坚实基础。烟台是全国社会治安综合治理“七连冠”城市，创新开展“法德共进”、四德工程等一系列农村基层治理基础工程建设。实施乡村振兴战略，加强农村基层党的建设和政权建设，创新乡村社会治理方式，提高农民文明素质和基层管理水平，有利于加快形成自治、法治、德治相结合的新型乡村治理体系。

5. 生活富裕

实施乡村振兴战略，是实现全市人民共同富裕的必然选择。乡村是全面小康的短板、城乡协调发展的短腿，烟台市最大的发展不平衡是城乡发展不平衡，最大的发展不充分是农村发展不充分。实施乡村振兴战略，不断拓宽农民增收渠道，全面提高农村民生保障水平，全面改善农村生产生活条件，让全体农民有更多获得感、幸福感，最终实现共同富裕。

（三）指标体系

1. 产业兴旺维度

一是**生产效率**，通过粮食综合生产能力、果品产量、畜产品产量、渔业经济总产值及农业科技进步贡献率等指标反映农业生产效率；二是**生产条件**，通过高标准农田建成面积、农业保险投保面积、主要农作物耕种收综合机械化率（机械化）、农村互联网普及率（信息化）等指标反映农业生产条件；三是**产业化水平**，通过农产品年出口额、农产品网络销售额、省级以上知名农产品区域公用品牌数量、省级以上农产品企业产品品牌数量、乡村旅游消费总额、农产品加工业产值与农林牧渔总产值之比、百亿级以上农村产业融合发展集群数量等指标反映农业农村产业化水平；四是**农产品质量安全水平**，通过农产品质量安全例行监测总体合格率、“三品一标”认证数量两个指标反映农产品质量安全水平。

2. 生态宜居维度

一是**绿色生产**，通过畜禽粪污综合利用率、农作物秸秆综合利用率、节水灌溉面积、全程绿色防控技术推广覆盖率、测土配方施肥覆盖率等指标反映；二是**生活宜居**，美丽乡村覆盖率、森林覆盖率、村庄规划编制率、农村自来水普及率、实现农村道路“户户通”村庄占比、农村生活垃圾无害化处理率、农村无害化厕所普及率、生活污水处理的行政村比例等指标反映。

3. 乡风文明维度

一是**文明创建**，通过县级以上文明村、文明乡镇占比，以及节地生态安葬率两个指标来反映；二是**基础服务**，通过有体育健身场所的村庄占比、村级综合文化中心达标率、农村九年义务教育巩固率、农村学前三年毛入园率等指标反映；三是**人才培训**，通过新农村新生活新农民培训数量、农村实用人才培训数量两个指标反映。

4. 治理有效维度

一是**组织引领**，通过农村社区党群服务站普及率、农村社区服务站普及率、农村党建示范区数量等指标反映；二是**治理效果**，通过“雪亮工程”入户数量、村级综治中心建设达标率、村级网格化服务管理覆盖率等指标反映。

5. 生活富裕维度

一是**收入可持续性**，通过农村居民人均可支配收入、乡村消费品零售额两个指标反映；二是**协调发展**，通过城乡居民收入比、农村居民恩格尔系数两个指标反映。

乡村振兴评价指标体系见表 1。

三、烟台市乡村振兴的绩效结果分析

2018—2021 年，烟台市把“打造乡村振兴齐鲁样板烟台篇章”作为时代命题，以实施乡村振兴战略为“三农”工作总抓手，用心考量，用情谋划，用力实践，交出了一份农业强、农村美、农民富的乡村振兴“烟台答卷”。具体指标完成情况见表 2。

表 1 乡村振兴评价指标体系

维度	二级指标	主要指标	属性
产业兴旺	生产效率	粮食综合生产能力（万吨）	预期
		果品产量（万吨）	预期
		畜产品产量（万吨）	预期
		渔业经济总产值（亿元）	预期
		* 农业科技进步贡献率（%）	预期
	生产条件（信息化、机械化、保险化等）	高标准农田建成面积（万亩）	约束
		农业保险投保面积（万亩）	预期
		* 主要农作物耕种收综合机械化率（%）	预期
		* 农村互联网普及率（%）	约束
	产业化水平	* 农产品年出口额（亿元）	预期
		* 农产品网络销售额（亿元）	预期
		* 省级以上知名农产品区域公用品牌数量（个）	预期
		* 省级以上农产品企业产品品牌数量（个）	预期
		* 乡村旅游消费总额（亿元）	预期
		* 农产品加工业产值与农林牧渔总产值之比（%）	约束
		* 百亿级以上农村产业融合发展集群数量（个）	预期
	农产品质量安全水平	* 农产品质量安全例行监测总体合格率（%）	预期
		“三品一标”认证数量	预期
生态宜居	绿色生产	畜禽粪污综合利用率（%）	约束
		农作物秸秆综合利用率（%）	约束
		* 节水灌溉面积（万亩）	预期
		全程绿色防控技术推广覆盖率（%）	预期
		测土配方施肥覆盖率（%）	预期
	生活宜居	美丽乡村覆盖率（%）	约束
		森林覆盖率（%）	约束
		* 村庄规划编制率（%）	约束
		农村自来水普及率（%）	约束
		* 实现农村道路“户户通”村庄占比（%）	约束
		* 农村生活垃圾无害化处理率（%）	约束
		* 农村无害化厕所普及率（%）	约束
		* 生活污水处理的行政村比例（%）	约束

（续）

维度	二级指标	主要指标	属性
乡风文明	文明创建	* 县级以上文明村、文明乡镇占比（%）	预期
		* 节地生态安葬率（%）	预期
	基础服务	有体育健身场所的村庄占比（%）	约束
		* 村级综合文化中心达标率（%）	约束
		农村九年义务教育巩固率（%）	预期
		* 农村学前三年毛入园率（%）	预期
	人才培训	新农村新生活新农民培训数量（万人次）	预期
		农村实用人才培训数量（万人次）	预期
治理有效	组织引领	* 农村社区党群服务站普及率（%）	预期
		农村社区服务站普及率（%）	预期
		农村党建示范区数量（个）	预期
	治理效果	* "雪亮工程"入户数量（万户）	预期
		* 村级综治中心建设达标率（%）	约束
		村级网格化服务管理覆盖率（%）	约束
生活富裕	收入可持续	* 农村居民人均可支配收入（元）	预期
		乡村消费品零售额（亿元）	预期
	协调发展	* 城乡居民收入比	预期
		* 农村居民恩格尔系数（%）	预期

注：上表中所列指综合来源于《山东省乡村振兴战略规划（2018—2022 年）及《烟台市乡村振兴战略规划（2018—2022 年）》，其中，三级指标前有"*"号的代表山东省乡村战略规划中提出的指标，下同。

表 2　烟台市乡村振兴评价指标结果

维度	二级指标	主要指标	2020 年完成值	2021 年完成值	2022 年目标值	属性
产业兴旺	生产效率	粮食综合生产能力（万吨）	174.7	183.34	170	预期
		果品产量（万吨）	741.75	744.85	600	预期
		畜产品产量（万吨）	201.69	215.09	220	预期
		渔业经济总产值（亿元）	1 116.7	342.21	1 300	预期
		* 农业科技进步贡献率（%）	67	61	70	预期

（续）

维度	二级指标	主要指标	2020年完成值	2021年完成值	2022年目标值	属性
产业兴旺	生产条件（信息化、机械化、保险化等）	高标准农田建成面积（万亩）	312	324.3	336.6	约束
		农业保险投保面积（万亩）	202.9	265.45	270	预期
		* 主要农作物耕种收综合机械化率（%）	91.6	91.77	94	预期
		* 农村互联网普及率（%）	100	100	100	约束
	产业化水平	* 农产品年出口额（亿元）	[229.67]	[230.19]	216.1	预期
		* 农产品网络销售额（亿元）	27	41.8	43.5	预期
		* 省级以上知名农产品区域公用品牌数量（个）	5	7	7	预期
		* 省级以上农产品企业产品品牌数量（个）	48	53	70	预期
		* 乡村旅游消费总额（亿元）	240	367.49	301	预期
		* 农产品加工业产值与农林牧渔总产值之比（%）	3.8	1.1	3.85	约束
		* 百亿级以上农村产业融合发展集群数量（个）	4	6	5	预期
	农产品质量安全水平	* 农产品质量安全例行监测总体合格率（%）	98.3	＞98	＞98	预期
		“三品一标”认证数量	1 177	1 277	1 040	预期
生态宜居	绿色生产	畜禽粪污综合利用率（%）	95	95.85	92	约束
		农作物秸秆综合利用率（%）	＞95	96	96	约束
		* 节水灌溉面积（万亩）	400	415	410	预期
		全程绿色防控技术推广覆盖率（%）	30	50.34	52	预期
		测土配方施肥覆盖率（%）	90	90	＞85	预期
	生活宜居	美丽乡村覆盖率（%）	33	40	80	约束
		森林覆盖率（%）	36.3	36.3	38	约束
		* 村庄规划编制率（%）	100	100	100	约束
		农村自来水普及率（%）	96.5	98	97	约束
		* 实现农村道路“户户通”村庄占比（%）	90	＞90	90	约束
		* 农村生活垃圾无害化处理率（%）	100	100	100	约束
		* 农村无害化厕所普及率（%）	93.2	93.5	90	约束
		* 生活污水处理的行政村比例（%）	44.59	46	55	约束

（续）

维度	二级指标	主要指标	2020 年完成值	2021 年完成值	2022 年目标值	属性
乡风文明	文明创建	* 县级以上文明村、文明乡镇占比（%）	80	96	＞80	预期
		* 节地生态安葬率（%）	60	65	70	预期
	基础服务	有体育健身场所的村庄占比（%）	95	95	98	约束
		* 村级综合文化中心达标率（%）	100	100	100	约束
		农村九年义务教育巩固率（%）	99	99	99	预期
		* 农村学前三年毛入园率（%）	99	99	99	预期
	人才培训	新农村新生活新农民培训数量（万人次）	＞2.7	3.68	4.6	预期
		农村实用人才培训数量（万人次）	10.2	11.35	12	预期
治理有效	组织引领	* 农村社区党群服务站普及率（%）	100	100	100	预期
		农村社区服务站普及率（%）	100	100	100	预期
		农村党建示范区数量（个）	300	368	300	预期
	治理效果	* “雪亮工程”入户数量（万户）	30	60	70	预期
		* 村级综治中心建设达标率（%）	95	100	100	约束
		村级网格化服务管理覆盖率（%）	100	100	100	约束
生活富裕	收入可持续	* 农村居民人均可支配收入（元）	22 305	24 574	25 500	预期
		乡村消费品零售额（亿元）	615.31	685.61	43.5	预期
	协调发展	* 城乡居民收入比	2.22	2.16	2.28	预期
		* 农村居民恩格尔系数（%）	[32.39]	[32.97]	35.2	预期

数据来源：表中所列数据出自《烟台市乡村振兴战略规划（2018—2022 年）》《2021 年烟台市国民经济和社会发展统计公报》《2021 年烟台统计年鉴》以及 2021 年乡村振兴战略规划落实情况的工作总结。

注：[ ] 中数据来源于《2021 年烟台统计年鉴》，为目前公开的最新数据。

（一）产业兴旺

坚持以农业供给侧结构性改革为主线，以科技兴农、质量兴农为支撑，以绿色、生态、高效为目标，加快构建现代农业产业体系、生产体系、经营体系，围绕优质粮油生产功能区、果蔬特色产业引领区、现代畜牧示范区、海洋渔业经济发展示范区的战略部署，推动农业现代化的实现。

1. 农业生产效率稳步增长

（1）粮食综合生产能力持续提升。加快建设优质粮油生产功能区，以优质玉米、小麦和花生为重点，实施粮食高产创建平台等系列粮食增产工程，确保优质粮油产能产量，打造具有市场竞争力的优质粮油生产功能区。坚持“藏粮于地、藏粮于技”，新建设高标准农田12.3万亩，建成粮油绿色高质高效核心区4.01万亩，粮食综合生产能力连续5年稳定在170万吨以上，完成烟台市“十三五”规划及乡村振兴战略规划的目标设定。卡实粮食生产责任制，千方百计稳定粮食种植面积，因地制宜扩大玉米、甘薯、大豆等粮食作物播种面积。坚决扛牢粮食生产政治责任，市级安排4 500万元，实施种源“卡脖子”技术攻关、撂荒地改造整治。2021年粮食喜获丰收，全年粮食种植面积30.27万公顷，比上年增加1.13万公顷。其中，小麦种植面积12.15万公顷，增加0.79万公顷；玉米种植面积16.14万公顷，增加0.44万公顷。蔬菜种植面积4.19万公顷，增加0.11万公顷。全年粮食单产达到403.7千克/亩。其中，夏粮产量74.70万吨，增产11.4%；秋粮产量108.64万吨，增产1.0%。油料产量41.56万吨，与上年基本持平。烟台农科院选育的“烟农999”分别创下安徽省和山西省冬小麦的高产纪录，“烟农1212”实收亩产847.1千克，打破全国高产纪录，“登海206”十亩实打测产达到了平均亩产800.36千克，“金海525”刷新小麦全国旱地高产纪录，亩产748.32千克。

2017—2021年烟台市粮食种植面积及增长率见图1，2017—2021年烟台市粮食综合生产能力及增长率见图2。

（2）畜禽生产和产品供应稳定保障。“十三五”期间，烟台市认真贯彻落实强农惠农方针政策，着力转方式、调结构、提质量、增效益，基本建立起优势突出、特色鲜明的现代畜牧产业体系。2021年全市肉蛋奶总产量超过150万吨，畜牧业产值达215.09亿元，增长27.2%。以稳步提升生猪恢复性发展为主线，以做大做强肉鸡产业为抓手，积极争取落实新冠肺炎疫情防控期间各项扶持政策和产业发展政策，加快基础设施升级，进一步提升畜禽养殖效率效益。2021年，烟台出栏商品肉鸡3.41亿只，鸡肉产量65.99万吨，

图 1　2017—2021 年烟台市粮食种植面积及增长率

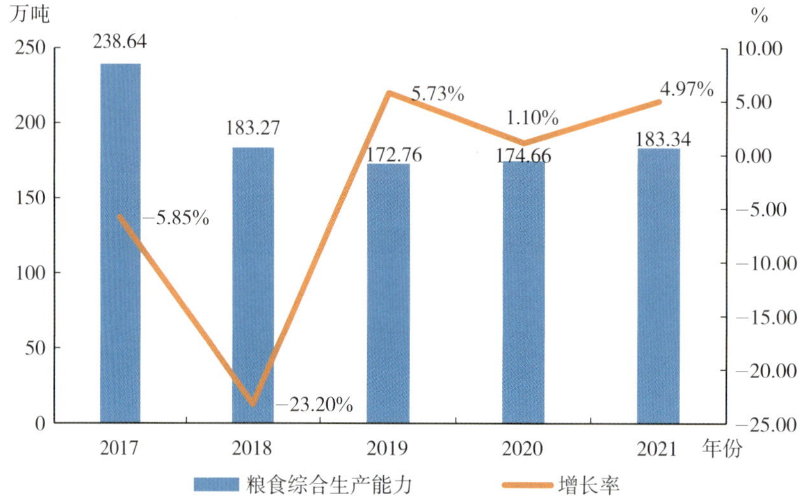

图 2　2017—2021 年烟台市粮食综合生产能力及增长率

占烟台肉类总产量的 58.74%，连续 6 年超过猪肉产量。2021 年，生猪出栏 442.73 万头，同比增长 42.8%，12 月末生猪存栏 303.14 万头，较上年增长 2.3%。2021 年猪肉产量同比增长 43.6%，家禽出栏增长 7.0%。2021 年烟台市推动畜牧业持续健康发展，存养祖代肉种鸡 42 万套、父母代肉种鸡 1 060 万套，分别占全国的 25%、20%；存养核心基础母猪 2.7 万头，占全省的 25%。“益生 909”小型白羽肉鸡获得国家畜禽新品种认定，新建省级地方畜禽保种场 2 处。截至 2021 年年底，全市共有种畜禽场 130 个，存养曾祖代、祖代、父母代肉种鸡各 1 万套、42 万套、1 100 万套，分别占全国的 100%、25% 和 20%；存养一级以上基础母猪 3 万头，占全省的 40%。全市畜禽良种化覆盖率达到 98.2%。

（3）果蔬产业高质量发展。加快建设果蔬特色产业引领区，以烟台苹果、大樱桃、莱阳梨和绿色蔬菜为重点，集成推广绿色生态生产管理技术，打造具有国际竞争力的果蔬特色产业引领区。2021 年蔬菜产量 272.73 万吨，增产 4.5%。水果（含瓜果类）产量 743.54 万吨，增产 4.0%；烟台苹果高质量发展深入推进，2021 年全市苹果种植总面积和总产量分别达 280 余万亩、606 万吨，烟台苹果品牌价值高达 150.34 亿元，连续 13 年蝉联中国果业第一品牌；全市从事苹果产业的人员近 170 万人，产值近 200 亿元；烟台市果品加工能力 400 万吨，果品贮藏库容能力 400 万吨，出口量 60 万吨，占全国的 1/2，获批创建国家千亿级优势特色产业集群。新改造老龄苹果园 46 万亩，建设示范果园 297 个、数字果园 95 个，“烟台苹果”创建千亿级国家优势特色产业集群取得新成效。

（4）渔业经济成为经济发展重要增长极。近年来，烟台深入贯彻落实海洋强国、海洋强省战略，聚焦海洋经济大市建设，截至 2021 年，全市海洋生产总值 2 170 亿元，比上年增长 13%。海水淡化方面，2021 年全市新增海水淡化能力 5 200 吨 / 日，建成运营重点项目 26 个，日产海水淡化总能力达到 8.4 万吨。海洋渔业方面，2021 年全市渔业经济总产值达到 1 112 亿元，比上年增长 6%。海洋牧场建设方面，截至目前，全市拥有省级以上海洋牧场 43 处，约占全省 1/3（全省 127 处）；其中国家级海洋牧场 18 处，约占全省 1/3（全省 59 处）、全国 1/9（全国 153 处），各类海洋牧场总面积突破 137 万亩。渔业品牌建设方面，截至目前，烟台市拥有中国驰名商标 2 个，中国名牌产品 1 个；获得地理标志保护产品、证明商标、保护登记 35 个。海域海岛保护方面，烟台市横跨黄、渤海，全市管辖海域面积 1.23 万平方公里，海岸线长 1 071.19 公里，分布有海岛 230 个（其中有居民海岛 15 个）。2021 年，全市自然岸线保有率 37%。全年水产品产量 180.1 万吨，渔民人均纯收入 3.4

万元。海洋经济示范区建设取得新突破，全年全市海洋经济增长率 13%。烟台对海洋高质量发展高度重视，在产业发展、科技创新、生态保护等方面取得了明显成效，特别是海洋科技创新领域突破了一系列重大科技成果，比如“耕海 1 号”“国鲍 1 号”等重大成果相继示范应用，在全国处于领先地位，引领了海洋相关领域科技创新水平提升。

（5）科技创新助力农业产业增长。烟台在全市建立起以烟台农科院、莱州农科院等农业科研院所和农业龙头企业为主体的农业科技创新体系，形成了市、县、乡三级完善的农技推广网络。承担国家现代农业产业技术体系综合试验站 12 个，选育的烟农系列小麦、烟富系列苹果、登海系列玉米杂交种、丰抗系列大白菜等农业新品种处于国内领先水平。农业科技支撑能力日益增强，2021 年，农业科技进步贡献率超过 60%，农作物耕种收综合机械化率超过 70%。

2. 农业生产条件持续改善

（1）农业机械化水平持续提升。加快提升农业机械化装备水平，推动主要粮食作物生产全程机械化，打造烟台特色的林、果业机械化发展模式，加快推广牧渔林各业机械化技术。2021 年，全市主要农作物耕种收综合机械化率达到 91.77%。年末农业机械总动力 791.42 万千瓦，比上年增长 0.46%。其中大中型拖拉机达到 23 112 台，增长 1.5%。2017—2021 年烟台市农业机械总动力及增长率见图 3。

（2）农业基础设施建设进一步加强。新建高标准农田 26 万亩、发展高效节水灌溉 11 万亩，开展生产托管补助试点面积 20.5 万亩，生产托管补助试点县达到农业县 70% 以上。大力实施农田水利工程，推进末级渠系及田间工程改造，打通农田水利“最后一公里”。因地制宜兴建、提升中小型农田水利设施，加快建设现代农田灌排体系。大力推广管灌、喷灌、滴灌等高效节水灌溉技术，建成一批高效节水灌溉示范区。截至 2021 年年底，农田灌溉水有效利用系数提高到 0.6 以上，节水灌溉面积达到 415 万亩，实现乡村振兴战略规划中的预期目标。

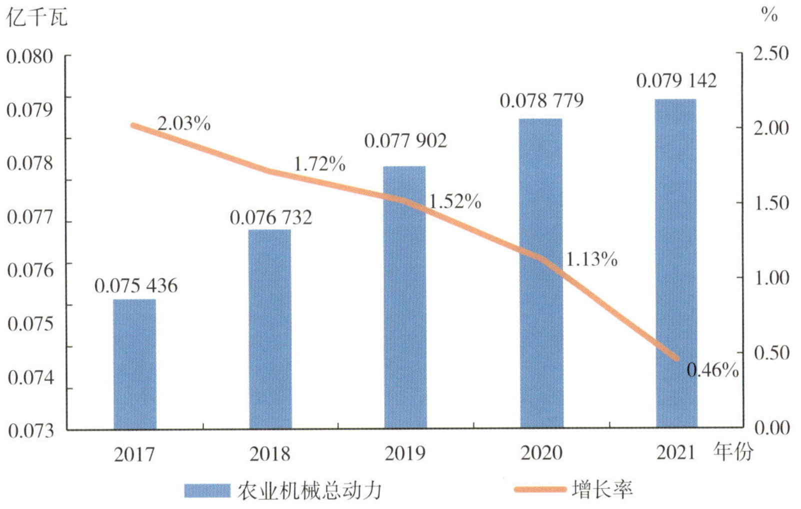

图 3　2017—2021 年烟台市农业机械总动力及增长率

（3）农业保险深入开展。扎实推进农业保险扩面增效，全市小麦、玉米政策性农业保险和苹果、葡萄等地方特色农产品保险承保面积 265.45 万亩。2021 年，烟台市委、市政府出台了《烟台市关于加快农业保险高质量发展实施方案》，将农业保险纳入全市重点民生事项，投保面积和保险费收入均超额完成三重工作任务目标。

（4）农业经营模式多样化明显。强化龙头企业带动，依托农业龙头企业，推广“龙头企业 + 生产基地”经营模式，发展适度规模经营，建设一批现代农业产业园和田园综合体。2017—2021 年，烟台市农民专业合作社数量连年增加，2021 年达到 1.92 万家，年均增长率超过 10%，远高于《烟台市乡村振兴战略规划（2018—2022 年）》中 1.6 万家左右的目标预期，家庭农场超过 3 600 家，新型农业经营主体成为农业现代化的主力军，有效促进了小农户与现代农业有机衔接。2017—2021 年烟台市农业专业合作社数量及增长率见图 4。

3. 农业产业化水平明显提高

（1）农业结构调整持续优化。加快农业产业结构战略性调整，推进农林牧渔循环发展。优化种植业结构，大力发展名优特新经济作物，稳步扩大“粮改饲”面积，推动全市粮经作物二元结构稳步向粮经饲三元结构转变，完

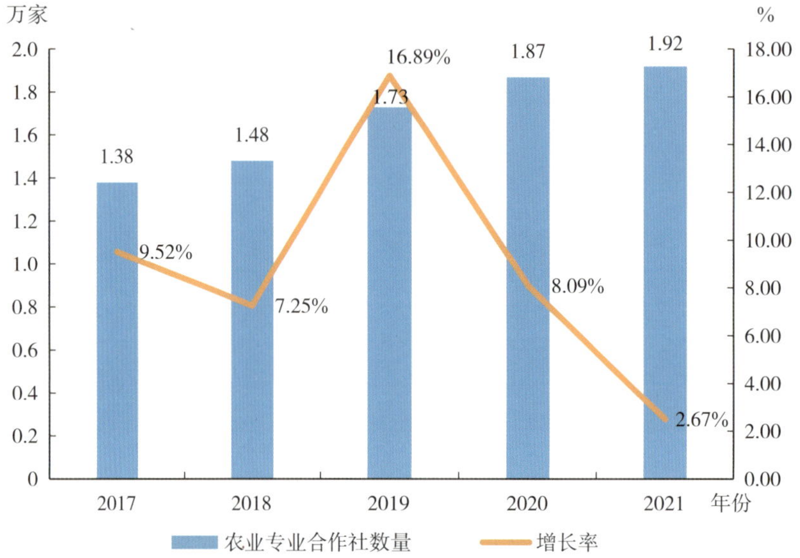

图 4　2017—2021 年烟台市农业专业合作社数量及增长率

成粮改饲面积 8 万亩以上，粮经饲比例进一步优化。重点打造粮油、蔬菜、水果、水产、畜牧等五大支柱产业，围绕粮油加工、果品加工储藏、蔬菜加工、畜产品加工、水产品加工、粉丝加工、葡萄酒酿造七大产业集群，培育优势产业带，培强优势特色产业区，壮大地方名特优新品牌产品，形成产加销、贸工农、康养游多元协调发展、多极支撑的现代产业结构。2021 年，农产品加工业产值在农林牧渔总产值中所占份额达到 3.8%，创建优质水果标准化生产基地 120 万亩，设施蔬菜面积占比 50% 以上，新发展特色经济林、用材林 6 万亩，新发展林下经济 11 万亩，畜禽标准化规模养殖比重达到 95%。2017—2021 年烟台市农业产业产值结构见图 5。

（2）农村产业深度融合稳步提升。深入实施农村产业融合发展“百县千乡万村”试点示范工程，开展农业“新六产”示范县、示范主体创建，带动形成百亿级、千亿级农村产业融合发展集群，创建国家级和省级农村产业融合发展示范园、先导区，2021 年全市百亿级以上农村产业融合发展集群数量达到 6 个。推动休闲农业、智慧农业、创意农业等为重点的新业态成为促进农业加速发展的新动能，实现龙头企业集团化发展，合作社全链条发展，家庭农场特色化发展，全面提升自我发展能力和核心竞争力。构建全程覆盖、

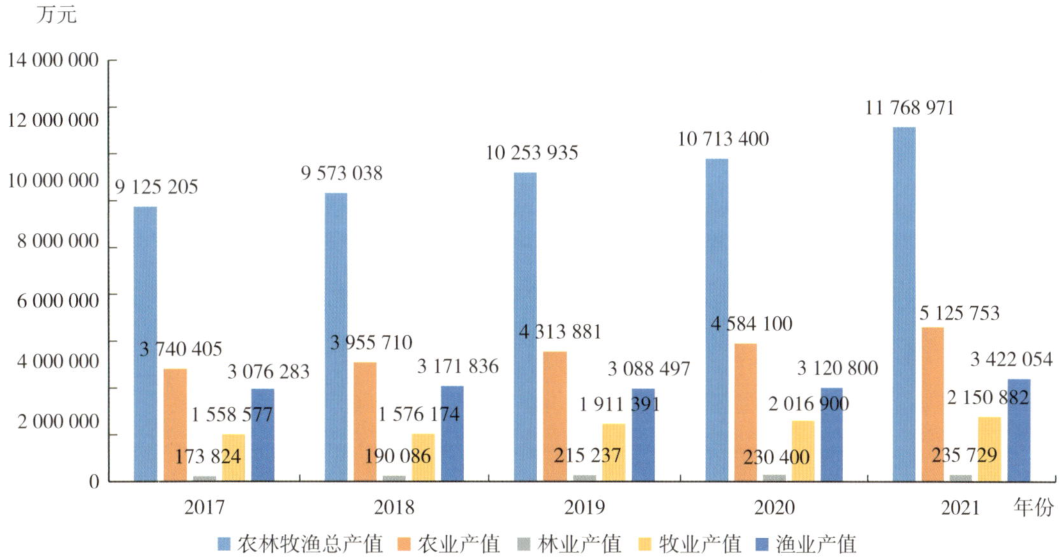

图 5　2017—2021 年烟台市农业产业产值结构

区域集成的新型农业社会化服务体系，带动农业产业链全面升级。培育和发展农商产业联盟、农业产业化联合体等新兴产业主体，打造一批产加销一体的全产业链企业集群，促进产业链条向高端延伸。2021 年，新业态增加值在农业增加值中的占比显著提高，农产品网络销售额达到 41.8 亿元以上，创建年交易额过 30 亿元的农产品加工园区 10 个以上；建立粮油、果品、蔬菜、水产、畜牧、粉丝、葡萄酒等农产品加工产业集群，年产值突破 2 000 亿元。

（3）农业互联网与物流网建设迅猛发展。创新农村电商模式，推进农产品电商物流配送和综合服务网络建设，建立符合电商行业及消费需求的农产品供给体系。2021 年，烟台市电商经济蓬勃发展，全市网络零售额 313.8 亿元，同比增长 20.8%，其中烟台苹果网络零售额 4.2 亿元，总量居全国首位。全市农产品网络零售额 41.8 亿元，占山东省农产品网络零售额比重为 20.6%，居全省第二位。海阳成功获批山东省淘宝直播“村播”试点县，在福山、海阳建设全省首批“淘宝直播基地村播学院”，数量居全省首位；阿里巴巴认定全市淘宝村达到 12 个，淘宝镇达到 3 个。培育了烟台泉源食品、招远大户陈家等高标准的农业物联网建设典型，在 6 个区市 7 个企业的规模化基地开展物联网建设试点，在省内率先开展农业特色互联网小镇建设试点。全市有 800 余家农业龙头企业、合作社等新型农业经营主体开展农产品电商业务，注册淘宝卖家突破 4.8 万个，农村网络卖家超过 1.1 万家，总数居全省第 2 位。

（4）农业区域公用品牌建设卓有成效。先后编制了《烟台苹果品牌战略规划》和《烟台大樱桃品牌标识体系规划》，大力实施“区域品牌、产品品牌、企业品牌”三位一体品牌建设发展战略，并以此带动县市区深入挖掘地方特色品牌，以“蓬莱好品”为代表的县域公用品牌不断涌现，形成了“规划引领、市级先行、县级协同参与”的区域品牌发展框架。“栖霞苹果”获得第五批省知名农产品区域公用品牌，“登海”牌种子等 9 个企业品牌入选省知名农产品企业产品品牌，总数居全省首位。烟台苹果品牌价值 145.05 亿元。新认证“三品一标”种植业和畜牧业农产品 100 个。目前，烟台苹果等 17 个农产品获农产品地理标志。实施苹果品牌战略，在大中城市、大型果品市场、大型超市等设立烟台苹果形象店 100 个，按照“海陆空、市内外、线上线下”的宣传思路，全方位、多渠道、立体化加强品牌推广，累计在中央电视台、《人民日报》等主流媒体专题报道 700 余次，全年线上苹果销售约 37 万吨、同比增长 24%。烟台苹果已连续十二年蝉联中国果业第一品牌，品牌价值达 145.05 亿元，并成功入选中国特色农产品优势区。烟台市“山东省知名农产品区域公用品牌”达到 7 个，完成乡村振兴战略规划的目标设定；“山东省知名农产品企业产品品牌”达到 53 个，总量位居全省第一，基本实现乡村振兴战略规划的目标预期。无公害农产品、绿色食品、有机农产品和农产品地理标志获证产品 10 275 个，增长 1.6%。加快培育农业产业化龙头企业雁阵群，新增国家级龙头企业 2 家、市级 100 家；新增“农”字号上市企业 1 家、总量 15 家。加快农业品牌建设，入选中欧地理标志协定目录 1 个、获首批国家地理标志产品保护示范区 1 个，新增省知名农产品品牌 8 个、总量全省第一。加快一二三产融合发展，打造省级精品文旅小镇 4 个、市级 12 个，新建国家级现代农业产业园 1 个、国家级产业强镇 4 个。

（5）搭建现代农业发展平台。深入开展国家、省、市、县现代农业产业园四级联创，创建现有国家级现代农业产业园 1 个、省级 6 个、市级 9 个，现代农业产业园发展形成梯次推进格局。全面指导3个省级、9个市级乡村振兴齐鲁样板示范区建设，扎实做好省级验收准备工作。莱州市、龙口市入选省部共同打造乡村振兴齐鲁样板示范县暨率先基本实现农业农村现代化试点县，为全面推进乡村振兴、实现农业农村现代化提供典型示范和先行经验。

4. 农产品质量安全水平大幅提高

加强农业品牌认证、监管、保护等各环节的规范与管理，加快构建“企业主体、政府引导、专家指导、部门联动、社会参与”的农产品品牌建设机制，农业竞争力明显提升。先后制定了红富士苹果、烟台大樱桃地理标志产品地方标准、27种无公害农产品生产技术操作规程、10种绿色食品生产操作规范，累计制定推广“三品一标”技术规程和出口农产品良好农业操作规定1 277项。建设了烟台市农产品质量安全监管追溯平台，对农产品生产管理、农药经营告知、农产品质量监测以及农产品质量安全监管实现信息化。强化农产品质量安全监管，2021年主要农产品抽检合格率保持在98%以上，全市12个区市获得省级以上农产品质量安全县命名，全市新增“三品一标”产品95个，其中无公害农产品66个、绿色食品28个、农产品地理标志登记产品1个，蓬莱区和海阳市的全国绿色食品原料（苹果）标准化生产基地获批进入创建期。截至2021年年底，全市“三品一标”有效用标产品627个，其中无公害农产品355个、绿色食品261个、有机产品5个、农产品地理标志登记产品6个。农产品质量安全抽检合格率与“三品一标”农产品数量均完成乡村振兴战略规划的预定目标。同时，烟台市先后被评为首个地市级“中国绿色食品城”和“山东省出口农产品质量安全示范市”。

（二）生态宜居

1. 农业绿色生产稳步开展

在经济作物区和井罐区发展管道输水灌溉，实现输水高效化。在果树、蔬菜经济作物规模化种植区推广滴灌、喷灌、微灌等水肥一体精准灌溉技术，扩大推广面积，持续推进化肥农药减量增效，集成推广全程绿色防控技术模式，2021年全程绿色防控技术推广覆盖率达到50.34%。近年来，烟台市节水灌溉面积以每年20万亩的速度快速递增，2021年全市节水灌溉面积已达415

万亩，其中高标准节水面积 337 万亩，占总灌溉面积的 60% 以上。支持测土配方施肥整乡、整县推进，加快扩大配方肥施用范围，全市新增水肥一体化面积约 6 万亩，测土配方施肥技术覆盖率约 95.7%，单位耕地面积化肥使用量较 2015 年下降 13%。加大禁限用高毒农药清查力度，推进专业化统防统治，以花生、蔬菜、果树等经济作物为重点，协调运用理化诱控、生物防治、生态调控、科学用药等绿色防控措施，集成推广全程绿色防控技术模式，农药使用量下降 21%。围绕减量化再利用，建立生态农业示范基地，集成推广农业清洁生产、资源循环利用、废弃物无害化处理技术，推进基地内及周边区域农业资源生态消纳和循环利用，推进种养互促、农牧互促，提高全要素生产率，提高农业发展质量。加强农业废弃物资源化利用，全市畜禽粪污综合利用率达 96.09%，规模养殖场粪污处理设施装备配套率达到 100%；加强农膜回收治理，全市地膜回收利用率 86.06%，棚膜回收利用率 97.32%，反光膜回收利用率 94%；大力推进秸秆综合利用，全市秸秆还田面积超过 380 万亩，综合利用率达 96.1%。

2. 农村生活居住环境持续优化

（1）农村人居环境整治深入开展。积极推进农村厕所革命和环境卫生基础设施建设服务向农村延伸，全面打造城乡生活垃圾收运系统，进一步提高农村生活污水处理能力，到 2021 年，累计完成改厕超过 57 万户、无害化卫生户厕普及率达到 93.5%，完成乡村振兴战略规划中既定目标的 98.11%；全部村庄实行生活垃圾城乡一体化处理，农村生活垃圾无害化处理率继续保持 100%，实现乡村振兴战略规划的既定目标；实现建制乡镇生活污水集中处理全覆盖，生活污水处理的建制村比例上升，已完成乡村振兴战略规划预定目标的 89.18%；2017—2021 年烟台市整体森林覆盖率连续稳定在 36% 以上，远超全国 24.02% 的平均水平，均连续多年位居全省首位，年内共评选市级森林示范乡镇 5 处、市级森林示范村居 50 处、市级造林绿化优质亮点工程 15 处。通过全覆盖排查、排名通报、公开曝光，问题点位逐月下降，人居环境明显改善，“四抓四促”烟台模式得到农业农村部、国家乡村振兴局刊发推广。清理农村生活垃圾 49 万吨、河塘沟渠 6 800 公里，完成农村生活污水治理 462 个村，建设农村改厕服务站 475 个、粪污处理及资源化利用项目 158 个、改厕后续管护长效机制覆盖 57 万户。

（2）美丽乡村标准化建设水平逐渐提升。坚持在省内率先建成新时代美丽乡村的目标，在现有 A 类标准美丽乡村达到 20% 的基础上，2020 年实现 A 类标准美丽乡村达到 33%，2021 年创建省级美丽乡村示范村 41 个，着力打造“点上出彩、面上出新，带上成景、全域铺开”的烟台美丽乡村新画卷。将全市建成区外行政村分为三类，分类建设、梯次晋级，2021 年年底三类村占比从 3∶4∶3 变为 4∶4∶2。创建省级美丽乡村示范村 41 个、省级美丽村居试点 12 个，美丽庭院 24.3 万户。连续两年投资 8.9 亿元建设市级美丽乡村示范片 14 个、样板村 105 个。2020—2021 年，创建首批 14 个美丽乡村示范片、105 个样板村，目前共实施项目 458 个，完成投资近 8 亿元，以莱阳濯村、招远大户陈家、牟平邹家庄为代表的一批乡村振兴样板，已成为市民追寻乡愁、争相游览的网红打卡地。

（3）农村基础设施保障持续加强。加快农村饮水安全巩固提升工程建设，推进农村饮水同网、同源、同质，扩大集中规模化供水覆盖面，完成农村规模化供水村庄 1 879 个，规模化供水率达 80%，农村自来水普及率保持在 96% 以上，2021 年达到 98%。靠近城镇的村庄优先选择城镇的配水管网延伸供水，其他村庄提倡建设联村、联片、单村或分质供水设施。推进农村“四好”公路建设，在实现道路“村村通”的基础上，积极推进农村道路“户户通”，实现农村道路“户户通”村庄占比接近 90%，完成农村公路改造养护工程 8 210 公里，4 627 个村庄通户道路全部完成硬化。按照“统筹规划、条块结合、分层负责、联合建网”的原则，促进农村公路协调发展。坚持依法治路，加强路政管理和公路养护，制定长效养护机制和农村公路养护标准，逐步使农村公路的养护制度化、规范化。不断提高乡村基本公共服务水平，完成农村清洁取暖改造 20 万户，改造“四好”农村路 2 240.7 公里，农村通有线电视、通宽带网络、通公交、通快递基本实现全覆盖。农村人居环境整治成效显著，清洁取暖 28.1 万户、农厕 57 万户，创建美丽庭院 24.3 万户，80% 的村庄实现规模化供水，新时代文明实践中心实现县乡村全覆盖。

（三）乡风文明

1. 扎实推进农村精神文明创建

深化文明村镇创建，研究出台《全市深化文明村镇创建实施意见》，根据《山东省文明村镇考核标准》，深化文明村镇评选和动态管理。实施“百镇千村”建设示范工程，连片打造乡村文明行动示范片区。从 2018 年开始，烟台市下辖县（市、区）每年打造 23 个特色示范片区，通过片区特色示范，力求实现所有村镇达到县级及以上文明村镇标准。2020 年，烟台市深化拓展新时代文明实践中心建设，建成县级实践中心 15 个，镇（街）实践所 164 个，实现市域全覆盖，村（居）实践站 5 842 个，市域覆盖率超过 85%，文明达标村市域覆盖率达到 89.35%。县级以上文明实践队伍达到 1 805 支，文明实践志愿者超过 70 万人，开展文明实践活动 10 万余场次，文明新风滋养乡情；2021 年建设新时代文明实践中心 15 个、实践所 164 个、实践站 6 226 个（图 6、图 7）。组建新时代文明实践志愿服务队 3 000 多支，文明实践志愿者超 80 万人，开展各类文明实践活动近 10 万场次。深入开展乡村文明行动，县级以上文明达标村 5 601 个、覆盖率 96%。乡村文化队伍重点基层文艺骨干超过 1 万人，秧歌队、舞蹈队等业余文艺团队总数超过 3 900 支，每年文化下乡演出超过 6 000 余场次，形式多样的基层文化活动浸润乡土。

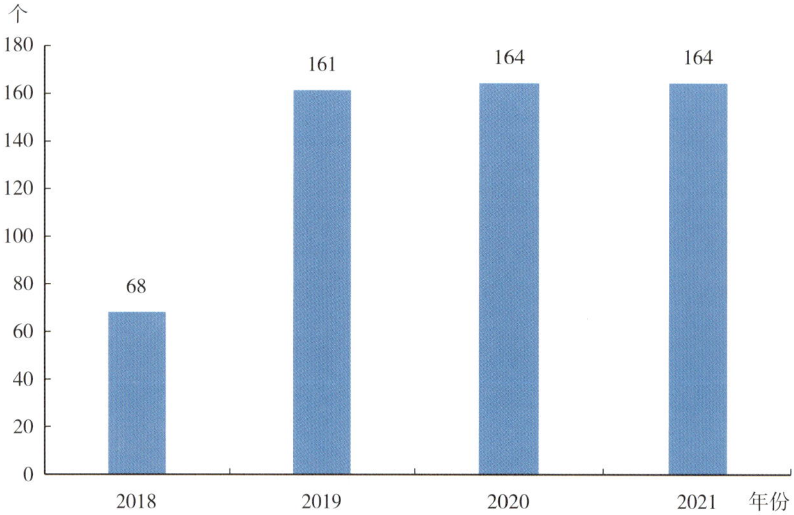

图 6　2018—2021 年新时代文明镇（街）实践所数量统计

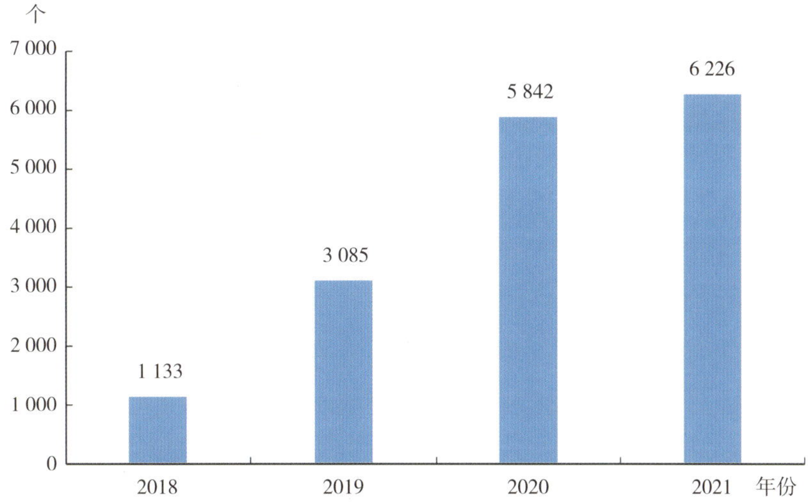

图 7 2018—2021 年新时代文明村（居）实践站数量统计

2. 农村人才培训工作多方位落实

（1）乡村人才队伍建设再上新层次。推动完善提升“烟台乡村之星”工程，加大选拔优秀实用人才力度，引领带动农村实用人才建设。注重发挥优秀实用人才的示范作用，认定一批带动能力强、有一技之长的“土专家”“田秀才”，扶持培养一批农业职业经理人、经纪人，培养一批技术精湛、扎根农村、热爱乡村的乡村工匠、文化能人、非物质文化遗产继承人等。统筹整合和充分利用有关资源，发挥省现代农业产业技术体系创新团队作用，着力培养一批掌握先进理论知识和前沿科学技术的农村实用人才，实施乡村技能培训计划，围绕农技推广应用、农业生产生活服务等方面，争取对农村劳动力有计划、分批次、多层次进行普遍培训，提升乡村就业人员新技能。组织开展“万名科技人员下乡”活动，通过在线培训、在线指导、在线答疑，定期发布农业科技信息和生产实用技术，为农业生产提供科技服务，并在全市组织开展大规模农民科技培训。截至 2021 年 12 月底，全市共举办各类培训班 1 400 多场次，培训各类农村实用人才 11.35 万人次，已完成全年 6 万人培训目标任务。实施百万新型农民技能提升计划，完成农村劳动力向非农产业和城镇转移培训超一万人。开展全域旅游人才提升三年行动，培训乡村旅游、文化人才 5 000 余人。依托市农业广播电视学校组织实施新型农业经营主体带头人等培养行动，共培训 19 期 3 026 人，已完成全年培训任务。举办 2021 首届烟台高层次人才创新创业“嘉年华”系列活动 22 场，引进高层次人才 62 人，签约项目 42 项、金额 4.6 亿元。设立引才工作站、发布“求贤榜”，解决农业人才岗位需求 341 个。

（2）新农村新生活新农民培训提升工程积极开展。开展家居生活培训，实施“美丽庭院”创建活动，推动环境治理由村庄向家庭延伸。开展伦理道德培训和亲子教育培训，引导农村父母树立正确的家庭教育观，为农村未成年人健康成长提供良好的家庭环境。实施农民科学素质提升行动，开展科学素质培训和新型农民培训。加强农村科普公共服务建设，建立健全农村科普长效机制，开展群众性、基础性、经常性的农村科普活动。实施农村青少年科学素质提升行动。开展卫生健康培训，关注农民心理健康。加强健康村镇建设，大力开展农村爱国卫生运动。培训、配备农村社区社会体育指导员，普及发展农民健身运动。新农村新生活新农民培训数量由 2017 年的 12 275 人次，增加到 2021 年 36 800 余人次，超额完成乡村振兴战略规划的预期目标。

3. 农村文化基础服务全面提升

在农村乡风文明文化服务方面，烟台市由“硬件”均等转向“软硬”兼施，在加大对乡镇卫生院硬件设施投入的同时，注重对农村医护人员素质的培养。加强乡村小规模学校和乡镇寄宿制学校建设，为农村孩子提供公平有质量的义务教育。建立乡村教师、医务人员补充机制，通过稳步提高待遇增强乡村岗位吸引力。试点推广城乡教育联合体和县城医共体建设，增强乡村公共服务“软”实力。充分发挥乡村文化设施的作用，丰富乡村文化内涵，将乡村文化阵地建成提升农民素质的“新平台”、学习新技术的“加油站”、传播乡风文明的“靶向”和滋润农民心灵的“纽带”。烟台市建有体育健身场所的村庄比例由 2017 年的 92.7%，增加到 2021 年 95%；村级综合文化中心达标率达到 100%；农村九年义务教育巩固率与农村学前三年毛入园率均实现 99% 的预定目标。举办乡村面艺师、苹果苗木嫁接等技能竞赛，搭建乡土人才技艺交流平台，入选烟台市首席技师 12 人。项目期内培训高素质农民 5 000 名。完成农村转移劳动力职业技能培训 3.68 万人次。依托省级服务乡村振兴继续教育基地，完成乡村振兴人才培训 1.35 万人次。

（四）治理有效

1. 组织引领成绩斐然

（1）党建引领成效显著。在全国首创“党支部领办合作社”经验，在多措并举，努力发展特色产业实现农村脱贫、农民增收的同时，全面推开村党支部领办合作社模式，村集体以集体资产、资源入股，群众以劳动力、土地等入股，把党支部政治优势同合作社经济优势有机结合，把农户组织起来、土地整合起来、管理统一起来，使群众和集体成为抱团发展的“共同体”。截至 2020 年 10 月，烟台共有 2 779 个村党支部领办合作社，占全市行政村总数的 43%，带动新增集体收入 4 亿元，带动群众新增收入 5 亿元，相关做法获评“中国三农创新十大榜样”。2021 年，烟台市党建融合发展示范区达到 368 个，覆盖村庄 3 500 余个。高质量完成村“两委”换届，“一肩挑”比例 99.4%。开展“新班子新征程新作为”主题活动，累计培训 333 期次、3.9 万人次，确定干事创业项目 4.8 万个。试点村党组织书记专业化管理，建立多元化薪酬体系，激励干事创业。持续提升党支部领办合作社质效，先后列支专项资金近 2 亿元，组建专家顾问团，建成联合社 190 个，全面开展评星定级。完善“六统一”风险防控机制，3 421 个村党支部领办合作社带动群众增收 5.32 亿元。

（2）农村示范区建设工作进一步加强。突出区域化统筹，按照“地域相邻、产业相近、治理相融、人缘相亲”原则，打破以行政村为单位的地域束缚，按照辐射 2 ～ 3 公里半径的区域定位创建农村党建示范区，通过示范区党委（党总支）统筹整合区域内人才、产业、项目、设施等资源，形成连片发展、连片过硬的大党建工作格局。建立“一核心五统筹”工作机制，建强示范区党组织核心，由传统的“村居建党”向“区块建党”转变，统筹活动阵地建设、党员管理、产业发展、村级治理、公共服务，发挥集群效应，实现互联互促、统筹发展、一体提升。到 2021 年年底，全市建成党建示范区

368 个（图 8），管理规范示范区数量达到 1 000 个，农村社区服务站普及率达到 100%。

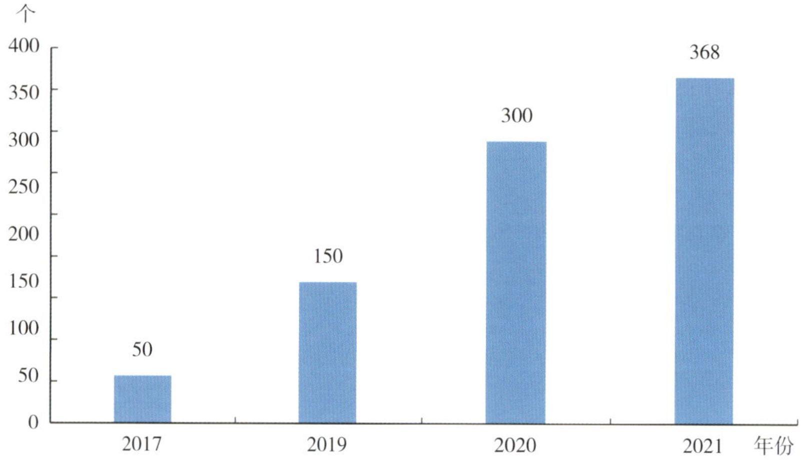

图 8　2017—2021 年农村党建示范区数量统计

2. 治理有效初步显现

（1）综治中心标准化建设持续推进。按照国家、省标准，建立“9+N”模式的镇街综治中心机构，通过组织集中办公等方式，整合有关基层力量，依托综治信息系统，建立协作配合、精干高效、便民利民的实体化工作平台。组建综治干部队伍、综治中心队伍、网格员队伍和村居专业综治力量等“四支队伍”。积极推进镇、村两级综治中心实体化建设、规范化运作，实行办公场所、设备设施、标志标识、规章制度、机制流程、档案台账等“六统一”建设模式。建立相关信息汇总、治安分析研判、问题责任分解、督察督导落实的“四步闭环”工作机制。截至 2021 年，全市镇、村两级综治中心建成率分别达到 100% 和 95%，村级网格化服务管理覆盖率达到 100%，均实现全市乡村振兴战略规划的既定目标。

（2）村集体经济实力明显提升。发挥村党组织对发展经济的引领作用，开展“党支部 + 合作社”百村示范行动，在全市筛选 100 个村探索推行“党支部 + 合作社”发展村级集体经济模式，鼓励和引导农民加入合作社，把各类资源集中起来，把农民组织起来，提升村级集体经济实力，示范带动全市村级集体经济提档升级。将扶持发展集体经济列入市级涉农资金任务清单，加大政策资金支持。设立村级集体经济发展专项资金，用于扶持集体经济发展。开展集体经济示范村“双百”评选，每年评选100个“干事创业红旗村”和100个“干事创业进步村”。2021年干事创业红旗村及干事创业进步村数量逐步增加。指导县级党委、政府制定发展村级集体经济全域提升三年行动计划，明确任务目标、进度安排和考核激励办法；发挥乡镇（街道）龙头作用，科学制定镇村年度计划、增收目标和推进措施，充分调动农村党员群众积极性，因村制宜发展集体经济增收项目。2019年基本消除集体经济空壳村，2021年年底基本消除集体收入3万元以下村。

（五）生活富裕

1. 农村集体产权制度改革全面推进

大力开展农村集体产权制度改革试点，推动资源变资产、资金变股金、农民变股东。分类推进农村集体资源性、经营性和非经营性资产改革。将改革工作扩大到所有涉农乡镇（街道），重点开展清产核资、成员身份确认等基础性工作。深化农村集体产权制度改革成果，健全农村集体经济组织，规范组织章程和运行机制，强化成员及股权管理，加强集体资产管理和收益分配，积极探索村民自治组织事务和集体经济组织职能分离、账务分离，加快推进农村集体经济组织规范运行。积极组织开展农村集体股权质押贷款，拓展集体资产股份权能，加快推进资源变资产、资产变资金，解决发展集体经济贷款难的问题。2021年，村集体经济收入过10万元的行政村达到2 000个以上。支持海阳市围绕建立健全支持家庭农场、农民专业合作社政策体系和管理制度，开展农业生产社会化服务体系建设试验探索，2022年完成省级农村改革试验区任务。

2. 农民收入连年增加

“十三五”期间，烟台市农民收入水平不断提高。截至2021年，烟台市农村居民人均可支配收入24 574元，较2020年增长10.2%（图9），比全省平均水平高18.34%，同比增长9.2%，创下“十三五”以来的最高增幅，超额完成《烟台市乡村振兴战略规划（2018—2022年）》中2020年度的22 200元的预定目标值。

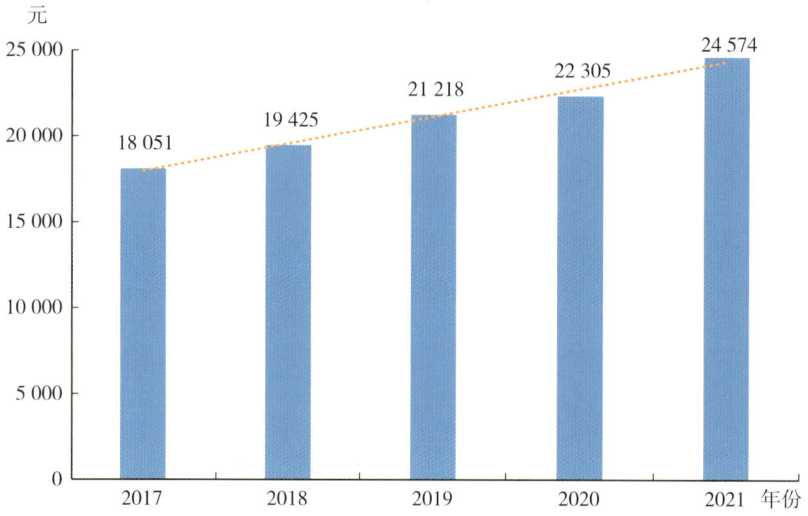

图 9　2017—2021 年农村人均可支配收入统计

3. 农民生活水平持续提高

在当前经济形势下，扩大消费需求已经成为促进经济增长的关键，社会消费品零售总额作为反映消费需求状况的重要指标，可以间接反映一个地区人民的生活水平。2017—2021 年，烟台市乡村社会消费品零售总额呈逐渐上升态势，由 2017 年的 510.49 亿元增加到 2021 年的 685.61 亿元，年均增长率上涨，烟台市农村居民的整体生活水平持续提高（图 10）。

图 10　2017—2021 年乡村消费品零售额分布

4. 城乡居民收入差距逐渐缩小

城乡居民收入差距持续缩小，2010 年以来，农民收入增幅 9 年高于城镇居民，目前城乡收入比由 2017 年的 2.32∶1，达到 2021 年的 2.16∶1（图 11），优于全国、全省平均水平，农村居民人均可支配收入提前两年实现比 2010 年翻一番的目标。

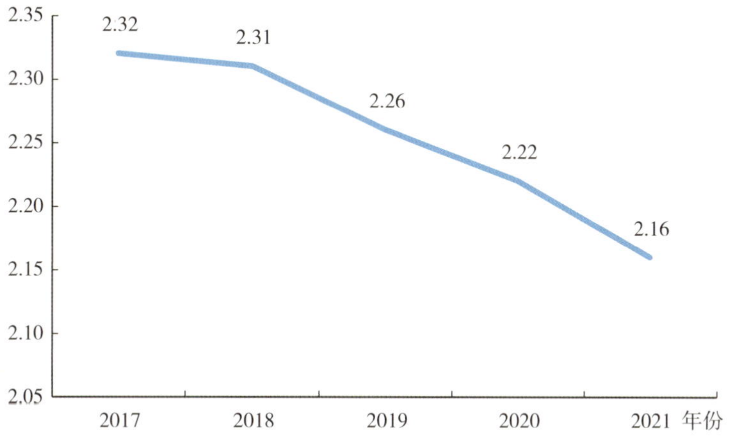

图 11　2017—2021 年城乡居民收入比统计

5. 农村居民恩格尔系数逐年下降

近年来，烟台市农村居民恩格尔系数呈逐年下降的趋势，由 2017 年的 36% 下降到 2021 年的 32.97%，年度间下降趋势较为明显（图 12）。说明，随着经济社会的持续发展，烟台市农村地区的消费结构亦在不断升级。

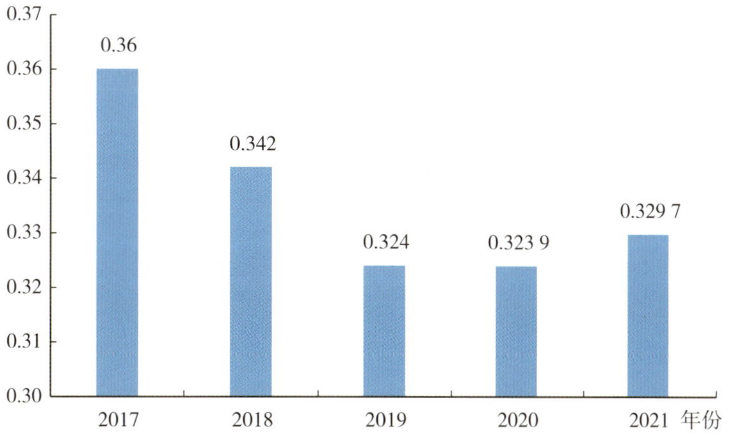

图 12　2017—2021 年农村居民恩格尔系数

四、总结

“十三五”期间，烟台市始终把实施乡村振兴战略作为新时代“三农”工作的总抓手，2018—2021 年连续 4 年市委 1 号文件都聚焦“三农”工作和乡村振兴，出台《烟台市乡村振兴战略规划（2018—2022 年）》，加强规划指引，形成了一揽子政策的支持。市委、市政府主要领导亲自部署、亲自督导，各县市区委书记当好乡村振兴“一线总指挥”，市县两级均成立乡村振兴五个工作专班，统筹推进乡村振兴战略实施，努力创造乡村振兴的“烟台实践”，推动“五大振兴”形成烟台亮点，奋力谱写了齐鲁样板的烟台篇章。2021 年，烟台市克服了新冠病毒的不利影响，研究选取的 52 项三级考核指标中，完成或超额完成的指标超过 90%，少数未实现预期的指标已完成程度超过 90% 甚至更高。整体来看，烟台市较好完成了《烟台市乡村振兴战略规划（2018—2022 年）》设定的年度阶段性目标，乡村振兴战略实施取得阶段性成效。

“十四五”开局之年，烟台市继续以“抓重点、补短板、强弱项”为工作方针，以产业兴旺、生态宜居、乡风文明、治理有效、生活富裕的乡村振兴总要求为努力方向，以战略规划设定的具体目标为参照，继续推行乡村振兴实绩考核制度，压实市县党政领导班子和领导干部责任，调动企业、社会团体、农村基层组织和农民等各方主体的积极性和创造性，以更大的热情和更多的精力投入到烟台市乡村振兴战略实施的进程中来。不断推动农业综合实力持续增强，农村整体面貌持续改善，乡村社会文明程度持续提升，农民生活水平持续提高，为烟台市率先在全省实现农业农村现代化，谱写美好的乡村振兴齐鲁样板烟台篇章而不懈奋斗。

III

区县经验

PART THREE

烟台市所辖区县乡村振兴先进经验

百年莱阳梨

（烟台市农业农村局供图）

持续改善人居环境　描绘美好乡村画卷

——龙口市农村人居环境整治先进经验

近年来，为持续改善农村生产生活环境，不断提升群众生活的幸福感和满意度，龙口市紧盯农村人居环境整治中的问题和短板，以突出重点、全域推进、常态整治为原则，坚持党建引领、高位推进、多方联动、全域提升，实现了龙口市农村人居环境向美丽宜居持续向好转变，一幅幅村美路净、生态宜居的美丽画卷全面铺开，农村面貌焕然一新。

一、以机制建设为保障，合力推进农村环境整治

一是坚持高位推动。为扎实做好人居环境整治工作，市里先后印发了《全市主干路沿线及城乡结合部村庄人居环境专项整治工作方案》《全市城乡环境“六大领域”综合整治提升行动实施意见》等文件，明确农村人居环境、城乡违建、路域环境、河道及沿岸环境等六大领域整治任务、责任单位。首次采取了提级管理方式，市委、市政府主要领导、分管领导以及市人大、市政协主要领导各负责一个领域工作推进，每周对镇街区工作进展通报，纳入“蓝黄红”三色管理，层层传导压力，推进工作落实。5月、10月，市委主要领导带队采取“四不两直”方式，先后2次对14个镇街区农村人居环境整治工作推进情况进行实地督导，不断提升镇村两级领导干部抓人居环境整治工作的责任感和使命感。

二是坚持创新推动。印发了《龙口市2021年农村人居环境整治工作督查推进办法》，创新建立了周自查、月核查、季督查全时段、循环式督查推进机制。周自查，即各镇街区每周确定2～4个村庄，开展农村人居环境整治工

作循环式自查自改，报市里备案；月核查，即市里每月对自查整改情况进行现场核查，问题反馈，定期复查；季督查，即市领导带队，每季度选取60个左右村庄，开展观摩评比。通过这种创新机制的推动，形成人居环境整治全时段重视、全时段推进的工作格局。截至目前，累计发现整改问题1万余处，挂牌督办村庄36个。

三是坚持长效推动。先后研究出台了《龙口市全域人居环境综合整治工作实施意见》《关于强化城乡环境综合整治责任落实机制的工作方案》《健全完善农村改厕规范升级和后续管护工作长效机制实施意见》《龙口市农村人居环境整治区域点位整治标准手册》等多个专项文件，进一步明确了管护内容、管护措施、管护责任，不断调动各方面工作积极性，巩固、扩大环境整治工作成果，有效助推整治常态化、长效化。

二、以焕然一新为方向，全域提升村容村貌

一是突出重点纵深抓。在完成上级规定动作的同时，积极开展农村人居环境整治自选动作。2020年5月中旬，在全市启动了为期一个半月的农村人居环境整治攻坚提升“大会战”；2021年5月，启动了全市“六大领域”专项整治，统一编制《农村人居环境整治标准手册》《龙口市农村人居环境整治区域点位整治标准手册》，明确“三清三治三规范一拆除”十项工作重点，以图文并茂的形式卡定15个重点区域整治标准，全面向环境“脏乱差”宣战，实现农村人居环境大起底、大整治、大提升。2020年，在烟台市农村人居环境整治四个季度综合评议中，龙口市蝉联第一名。2021年，在烟台市农村人居环境整治3—9月综合评议中，仅有龙口市始终位列前三名，其中，4个月位列全市第一。

二是上下联动合力抓。常态化开展“干群携手、共建家园”主题实践活动，在市镇村三级协同联动中合力攻坚，攻克农村环境“顽疾”。先后组织开展了“防疫情大扫除、迎新春美家园”行动、主干道路两侧、海岸线等环境整治日活动，市委、市政府主要领导带头参与，全市14个镇（街、区）、70个单位、2 000余名党员干部深入一线，与群众一起开展村庄清洁行动。

三是创新模式常态抓。把城乡环卫一体化工作与党建引领相结合、与农村人居环境整治相融合，专班合并办公、同步推进，将党建引领乡村环境卫生管理工作纳入党建考核，通过“支部总抓，党群共管，分级管理，奖惩结合”，党员干部在一线，带领群众一起干，在提升保洁水平的同时，密切了党群干群关系。2021 年，市财政在原年支出 3 300 万元运转经费基础上，再翻一番，全力推进农村人居环境整治工作提品质、上水平。

三、以塑形铸魂为路径，倡树村净家美新风尚

一是以示范创建提升群众环境。市财政安排补助资金 1.7 亿元，坚持提标、扩项、增彩打造黄山馆、诸由观 2 条美丽乡村样板示范片，启动 86 个项

龙口市美丽山村庵夼（烟台市农业农村局供图）

目建设，推进村庄由干净整洁向美丽宜居升级，起到了示范引领、典型带动的作用。污水治理、自来水改造、省级美丽乡村示范村项目、村集体经济发展扶持等50多个涉农部门资金整合项目，优先在示范片内村庄投入、落地，村庄基础设施水平得到全面提升。在烟台市每月组织的督导检查中，黄山馆镇持续位列134个镇街区第一名。

二是以家风创建引领群众参与。深入开展“清洁卫生我先行”“文明家风我传承”等活动，引领广大农村家庭成员从改变家庭环境卫生入手，积极参与“美丽庭院”创建，打造美丽庭院19 871户，占比达到40.6%，打造“美丽庭院”示范街、示范村各28处、示范片区2个，形成良好的示范带动效应。

三是以村规民约规范村民行为。镇村结合实际，因村施策，将农村人居环境整治工作列入村规民约，引导群众养成良好的卫生习惯。目前，农村人居环境整治内容纳入村规民约的行政村比例达到100%。为引导群众自觉维护整治成果，确保常态长效，部分镇村还采取了胡同长制、积分制等有效措施，实现了良好的保持提升效果。

下好“先手棋” 牵住“牛鼻子”

——莱州市以项目建设助力乡村振兴跑出“加速度”

近年来，莱州市认真贯彻落实习近平总书记关于打造乡村振兴齐鲁样板的重要指示精神，把实施乡村振兴战略作为新时代“三农”工作的总抓手，在关键领域、重点环节上求突破、见实效，乡村振兴取得突破性进展。2022年，莱州市将深入贯彻落实烟台市“三明三强”会议精神，以“1+233”工作体系为指引，下好项目建设“先手棋”、牵住支撑保障“牛鼻子”，奋力开创莱州乡村振兴新局面。

一、立足谋篇布局，绘好项目整合“作战图”

项目库是纲，“纲举”才能“目张”，莱州市超前谋划、提前运作，自2021年10月，莱州市委农办多次召集相关部门座谈交流，并组成联合工作组深入镇街开展实地调研，以有效改善农村基础设施相对薄弱实际状况、拉动村庄产业发展为目标，经多轮分析研讨，梳理整合形成莱州市乡村振兴项目库。项目库围绕环卫一体化、生活污水治理、镇街驻地提档升级、美丽乡村分类推进、河塘沟渠整治、农村道路改造提升、见缝插绿、农业产业发展等重点内容，着眼于补短板、强弱项，共整合九大方面20多个项目，计划总投资37亿元，其中2022年计划投资13.5亿元。一是着眼于基础薄弱村庄改造提升，计划每年筛选100个以上基础薄弱村庄进行重点打造，通过资金扶持实现村庄基础设施改善和功能完善提升。二是着眼于美丽乡村示范片建设，加大基础设施投入，完善村镇服务功能，提升乡村综合发展质效。三是着眼于镇街驻地提档升级，强化基础设施配套，把镇街政府驻地建成服务群众的区域中心，实现市、镇、村功能衔接互补。四是着眼于农村生活污水治理，实施村庄村内铺设生活污水收集管网，生活污水纳入城镇污水管网或新建污水处理设施。五是着眼于农村河道沟渠整治，重点对村庄周边及内部沟渠、池塘等进行全面整治，实施清淤、修复、围挡绿化等提升工程。六是着眼于农村道路改造提升，对全市农村道路“户户通”硬化路铺装水平较低的村庄进行全面提升，制定统一标准，镇街村庄集中实施。七是着眼于农村“见缝插绿”。对全市农村进出村路、主要文化活动广场等重点区域开展“见缝插绿”，进一步提升全市村庄绿化水平。八是着眼于城乡环卫一体化运行，更新转运车辆和压缩设备，高标准配齐农村生活垃圾桶，提升镇街垃圾中转站压缩水平和转运能力。九是着眼于农业产业发展，围绕粮油、种业、苹果、畜禽养殖等特色产业，做强产业链条，夯实乡村振兴基础。按照“规划一步到位、逐年建设实施”的原则，自2021年度开始，拟分三年期限实施，目前设计单位已进驻莱州，正在各镇街开展前期调研和规划设计工作，争取5月份协调资金到位，全面启动项目建设。

二、聚焦多元驱动，织密项目建设“保障网”

一是强化组织保障。成立由市级分管领导牵头的莱州市乡村振兴项目建设工作领导小组，领导小组自农业农村、住建、自然资源、水务、交运、生态环境等部门抽调业务精干人员组建工作专班，根据单位职责对口协调设计和施工单位以及镇街村庄，落实规划建设内容，加快推进项目建设。建立会议调度、情况通报、定期督导等工作机制，确保项目稳步推进。**二是强化资金保障。**建立完善多元化投资机制，做好涉农资金统筹整合，优先扶持乡村振兴类项目建设；协调国有资本投资公司，引入农发行建设资金，由国有资本投资有限公司成立项目公司作为项目实施单位，负责项目资金筹措，项目建成后，由国投公司负责按国有企业资产管理制度入账管理，确保项目收益。**三是强化服务保障。**围绕重点项目，形成工作台账，所有项目明确责任单位，建立完善班子成员包保责任制和项目服务专员全程跟踪制，包保领导、服务专员对项目推进情况每周联系服务、每月实地调度，及时解决项目建设推进中遇到的困难，并由项目单位定期向市政府汇报项目建设情况，确保所有项目建设严卡时间节点、稳步推进。

三、坚持统筹协调，激活项目推进“动力源”

一是突出对标提升。坚持对标对表学先进、取长补短促提升，组织相关建设单位开展外出学习考察，同时邀请相关领域专家入莱指导，在开眼界、找差距的基础上，汲取榜样力量、坚定信心决心，一以贯之、持之以恒抓好项目建设，确保干有成效、干有实效。**二是突出考核导向。**将乡村振兴项目建设摆在重要位置，作为乡村振兴领域头等大事来抓，纳入全市重点工作事项，同时纳入年终责任目标考核，并将考核结果作为评先树优、表扬奖励的重要依据，强化正向激励和反向约束。**三是突出督导落实。**坚持定期调度、实地督导相结合的“双线”工作法，严格落实“一周一调度、一周一分析、一周一报告”的“三个一”工作制度，促进各项重点项目落地落实。

下一步，我们将突出问题导向、目标导向、落实导向，在项目推进、资金筹措、症结堵点上再聚焦、再发力，以项目建设推动莱州乡村振兴跑出加速度，全力为打造乡村振兴齐鲁样板贡献更多莱州力量。

打出生态“组合拳” 走上绿色“发展路”

——莱州市绿色模式助推苹果产业转型升级

近年来，莱州市抢抓苹果产业高质量发展重要机遇，坚持农业绿色生态发展理念，积极探索、勇于创新，逐步摸索出了“农牧结合”“数字果园”“果菌间作”等果业绿色发展新模式，走出了生态、环保、高质、高效的苹果产业绿色发展道路，助推全市苹果产业转型升级。

一、“农牧结合”模式——生态循环、节本增收

“琅琊岭”生态果园是莱州市重点打造的苹果产业名片之一，其率先探索应用生物疏花疏果和免套袋栽培技术，实现果园亩均节本增效近6 000元，轻简化栽培模式走在全国前列，连续两年荣获“中国好苹果”大赛金奖。时任农业农村部于康震副部长、国家苹果产业体系首席专家霍学喜教授等先后实地考察并给予充分肯定。2020年以来，“琅琊岭”生态果园开始探索“农牧结合”绿色发展新路径，启动“大鹅除草”试验，将2 000亩果园划分成40个小区，将18 000只鹅分为6群，将鹅群放养在果园小区内，20天左右将鹅群更换小区，3个月进行1次全园轮牧，既可控制草势、省去人工除草费用，又可减少果园除草剂和杀虫剂的使用，保障果园生态。同时，在果园内施用腐熟剂，将鹅粪发酵为有机肥，减少化肥施用，实现了“种养结合、生态循环”的发展目标。“琅琊岭”生态果园通过“农牧结合”模式，亩均节本增效2 000元左右，实现了农药、化肥“双减”。此外，果园发挥自身优势，建起万头猪场，大力发展“养殖+种植”生态循环产业，将养殖产生的粪便发酵有机肥施用到果园，有效增加土壤有机质和果品微量元素含量，提

升了果品品质，实现了绿色可持续发展。

二、“数字果园”模式——智能引领、高质高效

为推动全市苹果产业高质量发展，莱州市打造出一批智能化数字果园，果园信息实时接入烟台苹果大数据中心，现已建成镇级以上数字果园 18 处。2020 年，致力于打造现代化、标准化、智能化数字果园的青雨果业在莱州市注册成立，目前，已发展新建园 300 余亩。建园之初，青雨果业便瞄准“高效智能”的发展目标，打造加装物联网系统的智能化数字果园，利用果园内的气候传感器、土壤传感器和虫害智能化分析仪，实时监测果园内的空气温度、湿度、光照、风速和光合有效辐射等气候指标参数，以及土壤温度、湿度、pH 和盐分等土壤指标参数。数字果园还可科学分析果园虫害情况，远程查看果园长势，根据监测数据及时调整管理措施，打破了苹果生产中“施肥浇水靠经验”的规律，配套果园水肥一体化设备设施，真正做到精量施用化肥、农药，大幅提高化肥、农药利用率，实现科学种植，进而实现品质提升、绿色发展。

三、“果菌间作”模式——立体栽培、绿色发展

“果菌间作”是近年兴起的种植新模式，实行“果菌间作”不仅可以实现果菌优势互补，也可有效促进区域生态和谐、富民增收。莱州市泽润食用菌种植专业合作社是以苹果和食用菌为主要产品的新型农业生产经营主体。合作社利用农作物秸秆、苹果苗木碎屑、牛粪和菌渣，采用发酵技术，制成有机肥播撒到果园里，自然繁殖养殖蚯蚓，土壤经蚯蚓过腹，排出的粪便富含丰富的氮、磷、钾以及铁、锰、锌、铜、镁等微量元素，有机质含量和腐殖质含量高达 30%。同时，合作社还利用发酵的秸秆、锯末，再添加食用菌种子，在苹果树下种植大球盖菇、猴头菇和赤松茸等，如此每年再循环，形成“食用菌—土壤—蚯蚓—果树”的良好生态系统，可溶性固形物含量提高至 17% 以上，风味更加浓郁，土壤有机质含量高达 4%，有效提升了果品质量，实现了立体种植、绿色发展。

莱州市“琅琊岭”免套袋有机苹果

下一步，莱州市将继续认真贯彻上级决策部署，把苹果产业绿色发展作为推动苹果产业转型升级的重中之重，以提质增效、种养结合、生态循环为重点，加快培植苹果产业绿色发展示范典型，实现连点成片、以片促面，强化绿色驱动、聚焦生态引领，不断提升苹果产业核心竞争力、综合影响力和可持续发展能力，抢占苹果产业发展制高点。

“三三战略”为招远农业插上科技腾飞的翅膀

——招远市全力打造“科技引领型”乡村振兴齐鲁样板示范市

农业发展“一靠政策，二靠投入，三靠科技”。近年来，招远市按照习近平总书记关于“给农业插上科技的翅膀”重要论述为遵循，以山东省农科院“三个突破”战略落户招远为契机，把科技兴农放在更加突出的位置，加快农业集约化、标准化、机械化、智能化进程，全力推进农业“数量型”向“质量型”转变，从“资源消耗型”向“内涵式提升型”转变，取得了良好成效。

2020年以来，招远市以打造全省三个、东部唯一的科技引领型乡村振兴齐鲁样板为主线，坚持三措并举头雁领航，三方联动群雁齐飞，三管齐下要素护航，为招远农业插上了“科技腾飞的翅膀”。2021年，先后被授予全国首批农作物病虫害绿色防控示范县、全国星级基层农技推广机构和全省“两全两高”农业机械化示范县等荣誉称号，相关做法被新华社《高管信息》和《大众日报》等媒体刊发。

一、坚持“招引外来人才、激励本地人才、培育乡土人才”三措并举，实现“头雁领航”作表率

“科技兴农，人才先行”。为确保改革试点工作深入开展，我们打好引才、用才、育才“组合拳”。**一是招引外来人才“送真经”**。深入开展产才融合行动，山东省农科院在招远设立“三个突破”指挥部，78名农科专家、博士常驻招远，挂任企业科技第一副总、镇街第一镇长定向开展指导服务；与健生

苑等 6 家单位结成“创业创新利益共同体”，实现与经营主体的风险共担、权益共享，促进了更多科技成果落户招远。发挥好束怀瑞院士工作站等高端智库作用，加速科技成果对接协作。截至目前，招远市已建成核心科技示范基地 42 个，推广富硒栽培、熊蜂授粉等新技术 70 多个，覆盖面积 20 多万亩。**二是激励本地人才“增动能”**。2021 年，通过事业单位改革将农机、果业与原农技推广部门整合，成立高效联动的农技推广机构，落实专技人才定向评价、定向使用政策，52 名乡镇农技人员通过“直评”取得中高级职称，高级农技人员数量实现“翻番”。根据农时季节，结合苹果高质量发展等战略实施，通过微信公众号、短视频等新媒体发布《技术指导意见》，农技专家深入田间地头指导服务。2021 年小麦条锈病防控期间，市镇两级农技人员超前宣传部署，积极科学防控，有效遏制小麦条锈病的发生蔓延，全市小麦品质整体较好，出售价格较周边地区每斤高 0.1 元左右。**三是培育乡土人才“添活力”**。完善高素质农民培育管理制度，构建教育培训、规范管理、政策扶持“三位一体”培育体系，探索“选能人、育能人、助能人”的高素质农民培育模式，组织开展“农民科技培训月”“科技人员进千村入万户”等活动，年培训技术型和带动型农民 8 500 多人次，“土专家”“田秀才”成为创建工作的有生力量。

二、坚持“龙头企业、示范合作社、社会化服务组织”三方联动，实现“群雁齐飞”促创新

“科技是第一生产力，创新是第一驱动力”，我们通过政策倾斜、外出学习、“壮大扶小”，重点打造一批带动能力强的“技术引领型”经营主体，成为助推农业腾飞的强劲“引擎”。**一是农业龙头企业引领带动**。鼓励龙头企业开展重大科研项目建设，研究新工艺，开发新产品，提升农产品精深加工能力。其中：**双塔食品**在行业内首创“1+N”全封闭循环生产模式，真正实现豆子的吃干榨净、变废为宝。**开源牧业**与省农科院、军鹏养殖合作社建立一体化紧密合作关系，有效填补了招远市规模以上能繁母牛养殖领域空白。**二是农民合作社主体推动**。通过村民入股、技术升级、设备换代等方式，鼓

励合作社推进农业规模化、标准化、集约化、高效化运营。目前，全市国家级、省级农民合作社示范社达到 6 家、24 家，合作社联合社 32 家。其中**穗丰种植专业合作社**推广高效良种和水肥一体技术，机械作业率达 100%，带动社员增收 20% 以上。2021 年基地种植的“鲁单 510”玉米平均亩产 980.92 千克，夺得黄淮海区夏玉米冠军。**大户庄园**研发了富硒葡萄酒，开展肉苁蓉口服液中试工作，投入市场后，将分别实现每亩增效 9 000 元、4 万元。**三是社会化服务组织协同拉动。**以全省农业生产社会化服务体制机制创新试点为契机，建立以太阳农资为主体，顺丰植保、海达植保为两翼的“一体两翼”服务体系，年完成生产托管服务 20 万亩次，有效实现了小农户与现代高效农业的有机衔接。

大户庄园万亩现代农业园区（招远市农业农村局供图）

三、坚持"土壤良种、信息装备、品牌宣传"三管齐下，实现"要素护航"强保障

三方面入手保障改革试点工作深入开展。**一是土壤良种"优中选优"。**作为全省两个试点县之一承担了第三次全国土壤普查任务，对招远市耕地进行"全面体检"，奠定"藏粮于地"基础；"种业是农业芯片"，采取一个园区一次性种植 10 ～ 30 个品种，让周边百姓实现"看禾选种"，根据各自偏好"优中选优"。建成粮油新品种培育示范中心 5 处、面积 3 000 余亩，水果蔬菜良种展示中心 7 处、展示名优品种 70 余个。**二是信息装备高效配置。**聚焦"智慧农业"，建成大户庄园等"数字化果园" 21 处，面积 7 000 亩；引进大功率新型拖拉机 1 000 余台，促进深耕深松、增施有机肥等技术措施推广；引入风送式远程喷雾机、植保无人机，提升植保机械化水平和农药利用效率；省农科院研发的"舜耕科技一键帮" App 覆盖多个农业镇、受益 8 000 多农户。**三是特色品牌擦亮叫响。**放大"齐山蜜薯""金岭小米""源珑黑牛"品牌效应，构建了以"海畈金招"区域公用品牌为引领、企业品牌为主体、产品品牌为支撑的品牌体系；目前，齐山烟薯 25 种植区已成为"京东蜜薯专供基地"；"高山雨露"品牌苹果海南大型商超市场占有率达 90% 以上。

招远市“四化四融合”创建党建融合发展区全面赋能助力乡村振兴

农村是乡村振兴的主战场，乡村振兴的实现离不开基层党组织的引领。习近平总书记强调，“要推动乡村组织振兴，打造千千万万个坚强的农村基层党组织，培养千千万万名优秀的农村基层党组织书记”。党的十九届五中全会提出“优先发展农业农村，全面推进乡村振兴”。这为我们进一步加强基层党的建设，充分发挥基层党组织作用，推动实现乡村产业兴旺、生态宜居、乡风文明、治理有效、生活富裕提供了基本遵循、指明了前进方向。近年来，招远市将“党建融合发展区”作为提升治理水平、推动乡村振兴的强大“引擎”，创新“四化四融合”思路，把各领域党组织动员起来、各方资源要素整合起来，打通行政隶属壁垒，拆除相互封闭藩篱，探索形成了“党建引领、融合发展、整体提升”的乡村振兴新格局。

一、创建党建融合发展区的背景分析

党的十八大以来，以习近平同志为核心的党中央高度重视党的农村基层组织建设，不断夯实农村基层战斗堡垒，为实施乡村振兴战略提供坚强政治保证。随着“十三五”收官、“十四五”开局，全面推进乡村振兴任务的提出，必须把农村基层党的建设摆在更加重要的位置上。当前，农村社会结构加快转型，区域内农村基层党组织呈现出强弱不均、发展不平衡、公共服务难以集约、社会治理难度大等现实问题。在这种形势下，要推动乡村振兴任务落实落地，最根本的就是要通过加强和改进基层党的建设，全面强化党的领导地位，统筹推动农村党建整体改进提升、连片进步过硬。

（一）为提高基层组织力搭建区域阵地

党的力量来自组织，组织能使力量倍增；党组织有没有力量，关键在于组织体系是否严密有力。党的组织体系严密，党组织的政治功能就能得到强化、战斗力就能得到增强。以招远市为例，传统的组织运行架构是镇村两级，镇党（工）委面上统筹、村党组织稳固基点，但镇、村两级之间的地带容易产生“组织空白”。当前，大部分镇街采用的是划分工作区（片）的办法予以统筹管理，但实际上工作区（片）还是在镇街党委政府办公，日常工作由镇街直接安排，工作区（片）层面没有明确的职能分工和健全的管理运行机制，基本还停留在“兵来将挡、水来土掩”的应急管理层面，难以有效下沉，无法近距离组织，缺乏日常化管理服务。

（二）为强化基层治理创新活力载体

随着群众诉求越来越趋向差异化，矛盾纠纷越来越呈现复杂化，粗放式的管理方式越来越难以适应。为了做到对群众的问题及早发现，对群众的诉求快速响应，加大精细化管理力度，政法委、自然资源局、农业农村局等部门在基层分别建立了自己的网格、配备网格员（协管员、巡查员、信息员），强化了基层治理力量。但这种多网共治的情况，也存在网格大小不一、布局重复交错、人员混杂交叉、工作各自为战等现象，造成了工作碎片化、资源浪费、效率不高的问题。

（三）为发展村集体经济提供合作平台

村级集体经济发展得好不好直接影响基层党组织的凝聚力和战斗力。只有发展壮大集体经济，做大产业支撑，解决好村集体有钱办事的问题，才能为实现乡村振兴奠定基础。但现实中，并不是每个村都有发展经济的资源、条件和能力。在单打独斗难度较大的情况下，我们必须要考虑从整体布局，从面上统筹，探索把单个堡垒组成连片的阵地，实现“有规模、成建制”的整体突破。在党建融合发展区内，选取一个区域内比较成熟的产业、比较成功的发展模式或者比较有潜力的发展项目，以区域统筹带动周边村连片提升，实现从“一个好”到“大家好”的转变。

二、创建党建融合发展区的实践探索

围绕以党建为引领、以人民为中心的总要求，紧扣乡村振兴新任务，在前期规划推动人员、服务下沉，建设党建示范区的基础上，经过 3 年优化提升为 59 处党建融合发展区，全域提升农村基层党组织组织力，促进乡村联动振兴。

（一）以党委规范化运行为引领，推动组织融合

坚持以全新的视野和思路谋划基层党建工作，按照辐射 2 ～ 3 公里半径区域创建“党建融合发展区”，将一个个分散的村握指成拳、连片联治。**一是建强“党群阵地”**。按照“1 厅、1 校、13 室”基本布局，组织管理、党群活动、政务服务、教育培训和文化娱乐“五大”功能定位，高标准建设 59 处党群服务中心，每个党群服务中心配备便民服务大厅、文体活动室、信访调解室等多功能服务区，面积全部达到 1 000 平方米以上，市财政每年拨付 450 万元，全面提升融合发展区下沉干部日常办公、交通和伙食保障水平，搭建起区域联动的党群综合服务“地标性阵地”。**二是重塑“组织体系”**。构建“融合发展区党委为核心、辖区村（企）党支部为支撑、特色党支部为拓展”的组织体系，由乡镇街道包片“两委”担任融合发展区党委书记，包片区长、中心村党支部书记担任副书记，其余村党支部书记任委员。2017 年以来单列计划招聘的事业编制优秀应届毕业生，全部安排到镇街和融合发展区等一线岗位，全市 526 名镇街工作区包区干部全部下沉到融合发展区办公，以党组织资源的整合带动行政资源和社会资源的整合，引导各村跳出本位主义，共同面对区域发展难题、谋划区域发展思路，形成农村党建强起来、集体经济活起来、群众富起来的整体效应。**三是用好“头雁乡贤”**。用活“党建融合发展区”内各类人才资源，将综合素质高、工作能力强的“强村”支部委员选派到“弱村”挂职，驻村解决问题、帮助发展经济、推进民生工程，迅速恢复村级班子组织力；将发展潜力好、思想转变快的“弱村”支部委员选派到“强村”挂职锻炼，以点带面，实现“一个好”到“大家好”。

（二）以资源集成化下沉为依托，推动服务融合

在配齐配强功能设施，推动工作重心下移、人员力量下沉的基础上，搭建集公共服务、生活服务和复杂性服务“三位一体”的多功能服务平台，实现服务群众“零距离”。**一是公共服务“只跑一次”**。聚焦“村章镇管、群众办事不便”问题，构建“1+N”公共服务下沉体系。“1”，即在党群服务中心设置“村级印章镇级代为存放点”，对所有仅涉及村级印章的服务事项，一体化实行现场即时办理；“N”，即持续将农民专业合作社登记、食品经营许可等高频常办事项全部下沉到融合发展区，逐项明确办理条件、材料、流程、期限，实行全程直办、一次办结，让农民不出融合发展区就可以享受到与市民同等的公共服务、文明生活。**二是生产生活服务“按需施策”**。聚焦老幼群体照料、经济文化生活需求等生产生活服务，有效整合党群服务中心和各村庄文化广场、便民设施、文娱器材等资源，领办“四点半课堂”和老年公寓，建立规范化农贸市场、放心店、农资供销连锁店、农民公园等，组织开展网络销售培训课程、电商培训、青少年注意力稳定培训等活动，不断提升发展区的凝聚力、影响力。**三是复杂性服务“一包到底”**。聚焦用地审批、信访调处等超出发展区这一层级权力、资源范畴的复杂性问题，发展区层面，推行“首接责任制”，代替群众跑腿，做群众思想工作，包干到底，帮群众“省事、省力”；市级层面，整合84个部门、216条热线，创新打造党建引领基层治理民生全响应平台，发展区将自身无法解决的群众诉求或工作中遇到的难题上报市级指挥中心，由指挥中心调动相应部门、动员市级力量帮助解决，实现“下有所呼、上有所应”。

（三）以网格一体化运行为突破，推动治理融合

围绕打造“全科网格”，全面推进资源整合重构，从源头上解决原有职能网格效率低、力量散、管理乱等问题，激活乡村治理“神经末梢”。**一是网格重构，形成治理“一张网”**。根据“人口规模适度、服务管理方便、资源配置有效、功能相对齐全”的原则和“全域覆盖＋一网打尽”的思路，在原有的政法、自然资源、农业农村、卫健、应急管理等13个部门农村职能网格基础上，依托“党建融合发展区”，建立起“党建融合发展区党委—村党组

织—联户党员”三级管控的网格化治理体系，各部门涉及基层公共服务、公共管理、公共安全等事项，统一纳入网格服务管理内容，实现乡村治理“上面千条线、下面一张网”。**二是力量重构，配强管理“一队伍”。**在全市范围内优选5 500多名精干联户党员，每人联系30户左右群众，定期入户摸排走访、收集村情民意、靠上解决问题。为联户党员开发专用手机App，设置“随手拍”“语音报”功能，镇街党（工）委和融合发展区党委工作安排直达每名联户党员，只需“打开—拍摄—上传”3步操作，就能上报问题、位置和工作情况，快速进行任务领取、民情上报、工作落实和处理反馈，联系服务群众紧密、高效、全覆盖。**三是流程重构，形成工作“一机制”。**推行联户党员“一卡通、一线办、一平台、一考核”工作机制，向区内每户家庭发放联户服务信息卡，全面开通便民服务热线，立足智慧党建示范区云平台开辟联户机制问题反馈版块，广泛整合社会治理、信访稳控、矛盾纠纷排查和村情民意收集等功能，建立起“问题收集、分类、流转、督办、反馈”工作全过程，同时制定联户党员考核办法，组织群众对联户党员履职情况进行评议，每月打分、年终汇总，倒逼联户党员种好治理“责任田”。

（四）以经济区域化发展为抓手，推动产业融合

按照“区域统筹、融合联动、协调发展”的工作思路，以党支部领办合作社为发展主路径，做优做强党建融合发展区平台载体，推动产业融合，探索一体化、抱团化发展，全市党支部领办合作社达到282家，联合社18个。大户陈家融合发展区党委牵头，推动大户陈家村党委领办合作社与周边12个村党支部领办合作社成立联合社，2020年统一规划打造占地500亩的高效农业示范园，集中设立草莓、葡萄及苹果种植区，实行统管统销，盛果期后12个村集体将增收200万元，实现抱团发展、共同富裕。阜山镇吕家村与闫家沟村深度合作，依托闫家沟村党支部领办合作社牵头流转土地2 380多亩，通过实施土壤改良、种植高端作物，带动闫家沟村年增收50万元，有效实现“大手拉小手，共走致富路”。依托党建融合发展区，全市农业产业呈现出规模大、业态多、效益好的发展势头，目前已规模流转土地23万亩，高质量改造老劣果园7.9万亩，全力引导小农户步入现代农业发展轨道。

三、创建党建融合发展区的工作成效

（一）组织体系更加坚强

习近平总书记强调，“党要团结带领人民进行伟大斗争、推进伟大事业、实现伟大梦想，必须毫不动摇坚持和完善党的领导，毫不动摇把党建设得更加坚强有力”。创建党建融合发展区，填补了镇和村之间的“空白地带”，组织体系更加健全，使得对上承接工作和对下联络各村党组织都更加顺畅，进一步夯实了党在基层的执政基础。

（二）治理机制更加完善

全面推进资源整合重构，将原来各部门分散的网格进行统一，打造“全科网格”，建立起“党建融合发展区党委—村党组织—联户党员”三级管控的网格化治理体系，同时，构建“问题收集、分类、流转、督办、反馈”的工作闭环，使得权责更加清晰、运行更加顺畅，实现了工作层层有人抓，群众诉求事事有人管。

地北头王家党建融合发展区（招远市农业农村局供图）

（三）整体效应更加明显

建立融合发展区，可以实现区域内党建资源的统筹使用，有效促进了区域协同发展。在融合发展区党委的统筹下，可以安排工作能力强的“强村”支部委员选派到“弱村”挂职，也可以安排“弱村”的支部委员到“强村”学习。围绕解决村集体经济发展问题，以党建融合发展区为平台载体，以党支部领办合作社为发展主路径，推进产业融合，推动一体化、抱团化发展，实现了从“一枝独秀”到“百花齐放”的转变。

“科技＋园区＋营销”三位一体 打造乡村产业振兴新模式

——烟台市福山区加快大樱桃全产业链发展

福山地处北纬37°黄金纬度带，是全球为数不多的大樱桃黄金产区之一，也是知名的中国大樱桃之乡，全区大樱桃种植面积达到11万亩，总产量超过8万吨，品牌价值高达21.52亿元。福山区深入推进大樱桃供给侧结构性改革，更新种植技术，打造智慧园区，创新营销模式，不断抓大产业，做强品牌，真正把大樱桃打造成了乡村产业振兴的第一引擎。近年来，福山区一体化打造大樱桃省级现代农业产业园和国家数字农业创新应用基地，以现代技术和最新理念辐射带动产业发展，引领农业转型升级和提质增效。

一、持续强化科技创新，不断激活产业发展动力

福山作为大樱桃栽培老区，生产技术已经十分成熟，但也存在技术老化、品种老旧、果园老龄化等问题。针对存在问题，福山区加速科技创新，不断赋予产业发展新动能。

（一）创建科技研发中心

与北京农林科学院合作，投资400万元建设福山区大樱桃科技研发中心，聘请中国园艺学会樱桃分会理事长、中国首席大樱桃专家张开春担任技术顾问。中心占地100余亩，主要推广大樱桃科学栽培技术，研发引进新型优良品种，年均开展课题研究3个以上，带动农民亩均增收1 000元以上，累计减少化肥农药使用量30%。

（二）搭建科研实验基地

依托烟台顺泰植保科技有限公司建设大樱桃科研实验基地，实施良种良法引进试验、产业提升模式推广等工程，形成高科技研发、转化、培训、推广一体化体系，年均解决技术难题 5 个以上。尤其在土壤品质改良方面，基地依据实验量化数据，增施有机肥与土壤调理剂，改良土壤 2 000 余亩，提高有机质含量 0.2% 以上，pH 提高 1 个单位以上，酸化状况得到明显改善，有效提升了大樱桃品质。

（三）加速品种更新换代

建设 2 处大樱桃新品种苗木引育基地，试验、筛选、推广大樱桃新品种，累计推广美早、俄罗斯 8 号、红蜜等 70 余种较为成熟的品种，改造老劣果园 3 万亩。同时，通过“送下去、领上来”的服务方式，农技推广人员定期送技术下乡，每年组织 300 名以上农民进行职业化培训，加快新品种、新技术、新成果的推广应用。截至目前，全区优质大樱桃品种覆盖率达到 91%。

二、建设现代农业园区，推动产业发展数字化、智能化

2019 年起，福山区承担了大樱桃省级现代农业产业园项目，布局大樱桃生产、加工、物流、研发、示范、服务等功能板块，统筹园区管理和科技创新，让数字农业、智慧农业真正落实落地。

（一）打造智能化基地示范引领

建设 1 000 亩省内最大的智能化现代化大樱桃产业园示范基地，搭建 400 亩新型标准化防霜遮雨棚，全程机械化、数据化管理，培育推广高产、优质、省工的树形和品种，率先应用的露天大樱桃防霜、避雨及防裂栽培模式在全国已得到广泛推广。积极发展生态循环农业，采用高效节水灌溉与精准施肥集成系统严格控制灌溉用水，合理减施农药、化肥，实现节水 50% ～ 70%、节肥 30% ～ 60%、增产 10% ～ 14%。

（二）搭建大数据平台精细管理

精心搭建大樱桃产业大数据平台，通过物联网数据智能管控大樱桃种植的每个环节，追溯及管控全区每个果农的农药化肥使用情况，实现对生产投

入品的全程可追溯，远程指导果农高效种植。打造农产品 GS1 流通平台，实现产品智能供应；通过 NC 管理运营体系，打通产业园种植、采摘、销售、管理等各个环节，实现电子商务化，提升运营效率。目前，大数据平台已入驻植保、土肥、育苗等各类专家 30 余人，农户种植过程中发现的任何问题都可以通过图片、视频和语音的方式向数据平台反馈，专家在线及时回应或现场解答，全面提升果农种植管理水平。

（三）建立精“樱”联盟全程服务

产业园联合烟台农科院、农民合作社、家庭农场、大型商超、电商平台等，搭建精“樱”联盟，建立集研、产、供、销于一体的大樱桃全产业链服务体系。目前，全区已建成 65 家村级服务站，果农足不出户便能享受到远程培训指导、即时防控解答等全方位服务。从全区种植高手中严格选拔、统一培训，组建 109 人的“金剪子”服务队，针对郁闭园进行改造，推广丰产优质修剪方法，规范、统一科学修剪方式，让果农少走弯路。

三、线上线下同步发力，全力拓宽产品营销渠道

近年来，受市场竞争、新冠肺炎疫情防控、消费力降低等因素影响，结出好果子，却卖不出好价钱，已成为福山大樱桃产业的发展桎梏。为此，福山区线上线下齐发力，让福山大樱桃不仅种得好、收得成，更能卖得出、销得旺。

（一）线下营销持续发力

积极参加各类农产品推介会、博览会、展销会活动，宣传推广福山大樱桃品牌。仅 2021 年就投入宣传费用 100 余万元，先后通过天安门《辉煌中国》主题展、中国樱商大会等会展活动向全国、世界展示福山大樱桃“国”字号名片。与新发地、润福园、盒马鲜生等国内知名企业达成合作协议，设立福山大樱桃销售专区，实现从自产自销的“游击战”向主攻大超市、大卖场和在大城市设立销售窗口的“阵地战”转变。

（二）线上营销联动配合

多次邀请阿里巴巴集团、《人民日报》、《齐鲁晚报》、山东电视台等电商

平台和中央、省级媒体到福山座谈，助力主流媒体对福山大樱桃的宣传报道。同时，福山区作为山东省首批获得村播学院的九个县市区之一，利用淘宝直播村播学院，年培养主播 1 000 名以上，对福山各类特色农产品进行直播带货，大樱桃线上年均销售额突破 2 亿元，成为果农发家致富的新手段。

（三）产业园区辐射带动

依托园区内烟台康乐达食品有限公司、烟台顺泰植保科技有限公司、烟台程果农业发展有限公司等龙头企业，辐射带动全区 1.2 万余户果农，形成以二产带强一产、三产带活一产，主体融合、三产联动的良好格局，园区年产值超过 23 亿元。目前，产业园内已发展 300 余家大樱桃网上直营店，多数与京东生鲜签署了合作协议，严把源头果品新鲜，原产地清晨直采，装箱打包配送，开通全国 200 个城市的供应链条，其中 80 个城市 24 小时可送达、120 个城市 36 小时内送达，真正让全国人民放心品尝货真价实的福山原产地大樱桃。

樱桃红了（福山区农业农村局供图）

提升“四力”推动乡村组织振兴

——烟台市福山区坚持党建引领筑牢乡村振兴的组织基础

烟台市福山区把组织振兴作为乡村振兴的根本保证，紧盯乡村治理与发展两大重点，着眼提升班子合力、发展动力、服务效力、决策能力，全力抓班子、抓平台、抓组织、抓规范，不断夯实基层基础，为推动乡村振兴筑牢根基。近年来，福山区坚持以组织振兴推动乡村振兴，突出党建引领、固本强基，着力提升班子合力、发展动力、服务效力、决策能力，着力构建以党组织为核心的乡村治理与发展体系，为扎实推进乡村振兴提供坚强保障。

一、抓队伍筑堡垒，提升班子合力

坚持以实施村“党组织带头人队伍优化提升行动”为抓手，选配合格干部、强化精准培训，增强班子凝聚力。**一方面，严把源头入口。**以村“两委”换届选举为抓手，制定出台换届实施意见和“双自荐”办法等12个换届制度文件，明确20种负面清单情形，严格抓好资格审查工作，把关口前置、门槛抬高，不简单以程序选人。全区326个村顺利完成换届，实现年龄学历“一升一降”，村干部队伍结构明显优化。**另一方面，抓实教育提升。**实施“全体党员轮训”工程，将村“两委”成员纳入干部教育主体班次，每年至少举办2次集中培训班，邀请区级领导和部门主要负责人授课，把“三资”管理、“三务”公开、发展集体经济等乡村治理课程列为“必选课”，提升培训质量。投资1 000多万元，在南庄村打造乡村振兴实训基地，邀请青岛农业大学、烟台农科院等专家建立师资库，围绕合作社运营、特色产业发展、产品营销、农技等开展培训，定期组织“书记论坛”，相互交流比学，推动共同提升。目前，以南庄村为中心，逐步培育了一批产业相近、优势互补的特色村群，姜家夼、楼子口、院口、车家、西水夼、渡口等库区村，相继入选省乡村振兴“十百千”工程，初步形成百花齐放、集群发展效应。

二、抓项目强帮扶，提升发展动力

以建设党建引领乡村振兴融合发展区为载体，采取项目化帮扶，推动区镇资源向村庄延伸，释放发展活力。**一是区域化发展“聚合力”**。针对农村班子强弱不一、村庄发展不均等问题，建设党建引领乡村振兴融合发展区，成立党总支，构建起以融合发展区党总支为统领、村党支部为支撑、特色党支部为拓展的“1+N+X”组织体系。张格庄镇整合门楼水库南岸5个村打造库区党建融合发展区，成立“三同”果蔬合作社，统一建设标准化“三同”教育培训基地，2021年承接各类主体班次15个，接待“三同”体验750余人次。同时，深化品牌推广、农艺提升、规模生产等合作，马蹄夼蓝莓、“松带雨”绿茶、西水夼香椿等特色农产品供不应求。**二是精准化帮扶“增效力”**。针对部分村缺项目、缺资金、盲目发展等问题，强化党委主导，构建系统化、全方位帮扶机制，着力发展低风险保障型的集体经济项目。臧家庄镇西杏山村是“加强农村基层党组织建设”工作队帮扶村，在工作队员和镇村干部的多方奔走下，整合政策资金和社会捐赠，利用村里的闲置用地，建设了2座现代化的幼苗培育生态大棚；针对缺乏技术管理人员等问题，经多方联系与泰山学者、鲁东大学教授张洪霞团队达成合作共识，建设技术实训基地，免费提供技术支持和市场渠道，着力打造产学研合作样板，预计每年为村集体增收10多万元。**三是差异化培育“显威力”**。以党支部领办合作社为主路径，围绕各村资源禀赋、交通条件等，因地制宜发展特色产业，带动集体增收、群众致富。目前，随着党支部领办合作社不断深化，一些重点培育的特色产业项目均向好发展。比如，蓬莱庄、高疃西村的订单式农业，东回里、诸留杨的社企合作项目，东北桥、西汪格庄的现代高效农业，东风、渡口的乡村特色旅游产业等。

三、抓组织强引领，提升服务效力

以强化党组织引领为重点，发挥群众自治力量，引导各类组织有序参与乡村振兴，不断提升工作效能。**一是发挥党组织和党员作用。**出台党组织星级评定考核办法，围绕区镇村重点工作，确定组织建设、乡村振兴、“三务”公开等13项重点工作，细化考核内容与标准，拉开考核差距，促进面上规范提升。探索实施党员评星定级、“共产党员户”挂牌、党员联户等工作，强化党员身份意识，通过组织党员、发动群众，带动广泛参与到环境卫生整治、疫情防控、志愿服务等工作，形成工作合力。门楼街道大力推行党员联户工作，遴选682名党员担任网格员，每人联系20～30户群众，仅用两个月时间，就完成2.3万户群众的信息采集工作，建立起电子档案，打通直通村情民意新渠道。**二是推行网格化治理。**以自然村为基本单元，以村民小组为单位，合理构建网格，每个网格明确一名网格长、网格员，做到“一户一见面、一职一兑现、一月一汇报、一年一评议”，推行精细化管理、人性化服务。回里镇29个行政村，按照每50户左右划分一个网格，共划分网格245个，通过定格、定人、定责，明确了每名网格员职责。疫情防控期间，该镇24小时内完成3万多份告知书、明白纸的发放，联系落实3.5万名群众动向，登记1 000多名外地返烟人员信息，经受住了工作考验。**三是激发各类组织活力。**整合妇联、共青团、民兵连等各类村级组织，积极引入社会组织、本村在外人才等参与，组建文化宣传特色党支部，将各村党员文艺骨干纳入统一管理，定期组织开展文艺培训、举办文艺汇演等，统一张贴“四德”榜，丰富群众精神文化生活。张格庄镇西水夼村积极探索“社会组织＋农村党建”新模式，挖掘书画传统文化，与传统文化协会合作打造景观文化长廊，广泛开展书画、剪纸等各类展览和民俗活动。同时，援引本村在外著名书画家赵文竹先生的资源，对全村外墙进行整体设计，累计绘制4 000多平方米壁画，将《清心歌》《人生十二悟》等鸿篇巨制上墙，打造了独具一格的特色文化村。目前，该村正在大力发展民宿和文化旅游产业，预计每年能够接待游客2 500人次以上。

四、抓规范强监督，提升决策能力

以制度管权管人管事，明确职责、规范程序，保障基层组织有序运转。**一是用制度管“权”**。推行农村干部“小微权力”清单制度，对村干部依法依规承担的党务、村务管理等重要事项进行梳理，以清单式、流程化的形式明晰固定，制定包含6大类42项工作权力清单，全面规范农村干部履职用权行为。严格落实“四议三审两公开”及重大事项请示报告制度，优化村级会议审批程序，实行“五人会签”制度，分别由村居负责人、包片片长、财政经管站站长、包片班子成员、镇长（主任）会签审核，镇街派员列席参加，防止“大权独揽”。**二是用制度管“人”**。健全村级组织“权责清单”制度，明确党组织和村委会班子成员职责权限，完善民主集中、各负其责、分工协作机制，确保村级班子规范高效运转。严格落实村干部经济责任审计制度，协调有关部门有计划地对村务财务进行审计监督，确保每届任期内对所有村居审计一遍，规范村干部履职用权行为。**三是用制度管“事”**。全面推行“阳光村务”，打造村级事务“阳光平台”，覆盖阳光交易、阳光审批、阳光公示、阳光支付四大模块，所有村级事务实现线上审批，各个环节都有迹可循、有据可查，让每一分钱的收支都晒在阳光下，有力保障了广大党员群众的参与权、知情权、监督权。严格执行村账镇管等各项制度，建立财政经管站站长、村会计职责清单，规范集体“三资”管理工作中的流程细节，依托区委巡察、部门督导、专项检查等手段，有效封堵“三资”管理漏洞。

党建标语（福山区农业农村局供图）

美丽乡村扮靓仙境　样板示范再谱新篇

——蓬莱区全力打造丘山谷“东方波尔多”美丽乡村样板示范片

近年来，烟台市蓬莱区按照“集中连线、成方连片，突出特色、典型示范”要求，本着因地制宜、优中选优的原则，强化规划引领，整合要素资源，集中力量打造丘山谷“东方波尔多”。烟台市蓬莱区聘请法国专业团队对丘山谷进行高标准概念规划，按照“国际对标、欧洲风情、蓬莱特色”的思路，既突出“东方古国、胶东民居”底蕴，又彰显“法式风情、葡酒文化”特色；统筹“五个振兴”，实施“五大工程”，与山东土发集团合作共同实施丘山谷葡萄酒养生休闲体验区旅游综合开发项目，集中力量打造丘山谷“东方波尔多”，使之成为能示范、可推广、具有蓬莱特色的乡村振兴率先发展示范片区。

一、坚持高点定位，科学规划绘蓝图

蓬莱区超前谋划，科学引领，立足资源禀赋和基础优势，厘清“四梁八柱”，绘制振兴“路线图”，为示范片打造提供科学的“导航仪”和精准的施工图，推动乡村建设整体上层次、上水平。

丘山谷示范片域隶属于烟台市蓬莱区大辛店镇，2020年蓬莱区与山东土发集团合作，签署了丘山谷葡萄酒养生休闲体验区旅游综合开发项目，计划总投资38.3亿元，规划总面积56平方公里，核心区19平方公里，涵盖16个村庄，打造核心6个美丽乡村样板村，毗邻蓬莱国际机场，威乌高速、蓬栖高速等4条国、省道，坐拥蓬莱区最大水源地丘山水库，背靠道教文化名山丘山，拉菲瓏岱、弘辰百诺、安诺、仙岛、苏各兰、逃牛岭等葡萄酒

庄星罗棋布，是蓬莱中部葡萄与葡萄酒产业集聚度最高、特色最突出的区域。为加快推进示范片创建工作，蓬莱区专门成立了丘山谷指挥部，聘请法国专业团队进行高标准概念规划，按照“国际对标、欧洲风情、蓬莱特色”的思路，统筹“五个振兴”，实施“五大工程”，着力打造国家级旅游度假区和能示范、可推广、产业特色鲜明的田园综合体。2020 年以来，累计完成投入 1.2 亿元，开展了环湖旅游观光路、游客服务中心、田家庄村特色民宿等 3 个重点项目建设，目前 20 公里的环谷路建成通车，葡萄酒展览中心已开放，学习中心、主题酒店正在加快建设中，将来可开展研学培训接待。

二、探索差异发展，做大做强葡萄与葡萄酒产业

蓬莱区突出“转型升级”，明确产业发展方向，按照“强龙头、补链条、建品牌”的思路，立足葡萄与葡萄酒特色主导产业，把“经营美丽”理念贯彻片区打造和乡村建设的全过程、全领域、全空间，统筹考虑村庄建设与经济发展，增强村庄“造血”功能。**一是打造亚洲葡萄酒“硅谷”。**丘山谷示范片产业鲜明，葡园遍布，酒庄林立，风格迥异。法国拉菲瓏岱酒庄、英式苏各兰酒堡、港式逃牛岭酒庄，以及星罗棋布、各具特色的弘辰百诺、安诺、仙岛、盛萄菲等酒庄，铸就了“丘山产区”的品质产业圈，引领产业向国际化、专业化、特色化发展，让这个昔日中国最大的葡萄酒产区“蝶变”为亚洲高端葡萄酒产业“硅谷”。**二是探索农村共富新模式。**推广“公司＋合作社＋农户”和庄园式开发模式，依托合作社把农村分散的土地、劳力和周边酒庄资金、技术、市场等要素整合起来，实行生产经营合作化、基地建设统一化、利益风险一体化，达到互惠双赢的局面。一串串葡萄连点成线，串出了特色产业，串联了乡村旅游，更串起了小康路上的“幸福链条”，成为“葡萄酒 +”产业融合的典范。目前，片区共建设标准化葡萄基地 7 000 多亩，提供就业岗位 360 个，年带动村集体增收 10 余万元、户均增收 5 000 元。

三、致力"标本兼治"，打造美丽宜居生态环境

蓬莱区丘山谷坚定践行"两山"理念，以省级美丽乡村示范村创建为抓手，以农村人居环境整治为重点，大力实施省级美丽乡村、美丽乡村示范片、乡村振兴示范镇及景区化村庄四级共建，稳步推进示范片基础设施建设，一手抓整治，一手抓维护。**一是巩固放大美丽乡村建设成果，乡村颜值更有气质。**为培育典型、打造亮点、形成规模、扩大影响，从2020年开始，集中力量打造"东方波尔多"美丽乡村示范片，筛选确定木兰沟、山上宋家、新兴、邱山店、榛子沟、西许家沟等6个村创建省级美丽乡村示范村，作为烟台市级样板村集中打造精品。目前，示范片和6个样板村开展道路硬化、绿化美化、河道浆砌等建设重点项目28个，完成投入16 032.1万元，6个样板村成功创建省级美丽乡村示范村，大辛店镇被确定为烟台市乡村振兴示范镇创建单位，木兰沟村荣获首批"第三批全国乡村旅游重点村""山东省首批美丽村居试点村"等荣誉称号，丘山谷片区成为烟台市内特色村庄最聚集的地区。**二是开展农村人居环境整治，乡村底板更加靓丽。**强化"三级联动"、突出"三清一改"、落实"三查一访"工作机制，实施城乡供水一体化、绿化亮化美化、户户通、农厕改造和生活污水治理五大工程。采取市场化手段，落实专门保洁队伍，开展生活垃圾分类收集试点；推进厕所革命，探索农村生活污水处理新模式，区域内村庄改厕普及率达到90%，木兰沟村投资350万元建设生活污水处理设施，对村居生活污水统一进行无害化处理，为村庄生活污水治理推广普及树立了标杆。

四、注重人才育引，打造乡村休闲文旅圣地

蓬莱区深化"内涵提升"，为乡村建设铸上灵魂，在富口袋的同时，富脑袋、丰内涵，大力实施人才引育、文化铸魂工程，以丘山谷葡萄酒产业为纽带推动一二三产融合发展，不断强化人才创造力、文化传播力，给乡村建设注入内生动力。**一是引育乡村建设高端人才。**制定出台了鼓励返乡创业政策措施，多方引进高端人才、培育本土人才，实施桑梓人才归雁工程。

蓬莱区丘山谷“东方波尔多”示范片游客服务中心（蓬莱区农业农村局供图）

先后引进国内外知名葡萄酒酿酒师10余人，连续5年举办酒庄旅游、企业管理等专题研修班，培训200余人次；先后与中国农科院、山东省葡萄研究院等高校院所建立合作，设立实习实训、教学科研基地5个。**二是着力打造乡村文旅新优势。**大力发展葡萄酒文化，利用精品酒庄集聚优势，打造葡萄酒文化消费系列活动，开发“葡萄酒+旅游”“葡萄酒+体育”“葡萄酒+会展”等特色产品，先后举办了丘山谷超级马拉松、“我的酒庄漫生活休闲体验季”、纳帕溪谷采摘节等休闲活动。2021年蓬莱区承接了山东省旅游发展大会、中国·山东国际苹果节等观摩活动。同时，充分发挥区域内木兰沟、榛子沟等景区化村庄优势，与周边酒庄“联姻”，大力发展乡村游、酒庄游，带动了农民增收致富。目前，木兰沟村引进文旅集团投资，对空心房进行翻建，建设精品民宿20套，年可增收旅游综合收入30多万元。

念好“四字经” 打好组合拳

——蓬莱区推动巩固拓展脱贫攻坚成果与乡村振兴有效衔接

蓬莱区深入贯彻上级关于巩固拓展脱贫攻坚成果与乡村振兴有效衔接的决策部署，持续落实“四个不摘”工作要求，力度不减、政策不断，实现了全区2 874户、4 312人稳定脱贫，脱贫人口人均年收入达到1.3万元，同比增长23.45%。在2019年和2020年全市打赢脱贫攻坚战考核中连续两年位居前列。工作中，蓬莱区念好“准、特、合、聚”四字经，重点抓好四方面。

一、突出“准”字，坚持精准帮扶不断档

一是织密信息核查的“过滤网”。坚持不漏一户、不落一人，严卡标准、严格把关，以村为单位将所有帮扶责任人分成483个小组，抽调科级干部任组长，开展全方位拉网式排查，真正做到底数清、情况明。**二是亮起动态调整的“红绿灯”。**持续开展脱贫人口“红黄绿”颜色管理，根据收入、身体、劳动力、经济来源、子女赡养能力等情况将脱贫人口划分为红、黄、绿三个等级，收入略高于脱贫线边缘的纳入红色管理，给予重点跟踪关注，加大产业项目分红政策倾斜，切实保障困难群众收入达标。**三是拉好防范返贫的“警戒线”。**强化“1+4”防返贫动态监测督控工作体系运行，建立了一本含1 074户、1 834人的《相对困难农户台账》，畅通农户自主申请、基层干部排查、部门筛查预警、信访信息处置四个渠道，及时发现存在返贫致贫风险的困难群众，提前采取针对性帮扶措施，有效化解返贫致贫风险，目前累计纳入监测帮扶17户40人。

二、突出“特”字，坚持产业帮扶不掉线

筑牢合同约束、抵押担保、管护核查三道风控防线，确保投资 5 256 万元的 178 个项目良性运转，实现收益 465.2 万元，带动 1 332 名脱贫人口增收 101.3 万元。2021 年投入资金 1 103 万元发展帮扶项目 14 个，带动脱贫人口增收致富。南王街道杏吕村依托民宿及研学基地，“见缝插绿”种植国红桃树 38 亩，春能赏花，秋能收果，既美化环境，又带动村集体年增收 2 万元。当前，蓬莱区正依托丘山谷、东方海岸果谷两大片区，连线集中打造 5 个重点帮扶村，做大做强高效果品、葡萄酒等优势主导产业，发展民宿、乡村游等特色产业，带动脱贫群众、重点帮扶村增收，为巩固脱贫攻坚成果向乡村振兴有效衔接夯实产业支撑。

木兰沟村丘山谷文明实践站组织开展“我们的节日秧歌大拜年”文明实践活动
（蓬莱区农业农村局供图）

三、突出“合”字，坚持协作帮扶不停顿

扛牢省内协作帮扶政治责任，持续深化与德州市齐河县的帮扶协作。建立镇村、教育、医疗、文化、干部交流、人才劳务等结对协作机制，强化两地沟通交流合作。支持蓬莱八仙过海旅游开发有限公司等企业在齐河投资协作项目，安排专人全程跟踪服务，持续用力、打造亮点，累计实施协作帮扶项目 11 个、总投资 170.1 亿元。组织蓬莱驻齐河企业以捐助形式设立 100 万元的扶贫救助基金，专门用于解决当地脱贫人口的突发性困难，有效防止了返贫和新致贫问题，协作帮扶成效得到省领导充分肯定。

四、突出“聚”字，坚持保障措施不缺位

强化统筹联动，发挥各部门、社会各界职能优势，全力“参战”，形成合力。一是坚持“三级书记”一起抓，持续开展书记遍访工作，压实“书记抓，抓书记”的主体责任落实体系；二是率先开展以区级领导包村、部门单位包村、党员干部包户、“第一书记”驻村为主要内容的“三包一驻”工作，带政策、带资金扎根村庄，在全面整治人居环境的基础上，谋划产业项目，实现定点帮扶由“输血”向“造血”功能转变；三是创新“双帮扶责任人”工作机制，全区 2 911 名区直机关干部、691 名乡镇机关干部、1 023 名农村党员与所有建档立卡脱贫户结成帮扶对子，通过“一对一，多对一”的模式，帮助落实各项优惠政策，实现帮扶政策“精准滴灌”。

下一步，蓬莱区将严格按照上级要求，争取把各项工作抓得更精、更准、更紧、更实，持续巩固拓展脱贫攻坚成果与乡村振兴的有效衔接。

精准赋能　开辟产业发展“金路径”

——海阳市财政金融政策融合支持乡村振兴战略实施

海阳市牢牢把握支持乡村产业振兴这一“主线”，用好用活财政金融政策深度融合这一“工具”，聚焦聚力破解乡村产业“融资难、融资贵”这一“难题”，不断完善财政、银行、保险、基金、担保“五位一体”的财政金融服务乡村振兴政策体系，逐步构建起财政金融融合支持乡村振兴的“海阳模式”。为深入实施财政金融政策融合支持乡村振兴战略，海阳市以财政金融为统揽，积极探索“金融＋”多元应用，精准发挥金融引导力、聚集力、带动力，破解乡村产业融资难题，促进乡村产业集群化、融合发展。

一、地方政府：健全试点工作机制，凝聚试点工作合力

一是深调研早谋划。海阳市政府特邀中国农业大学烟台研究院专家实地调研，结合海阳南海北山地理特点，制定《海阳市财政金融融合支持乡村振兴战略制度创新试点工作方案》，因地制宜研究谋划财政金融支持乡村振兴工作重点。**二是科学决策早部署。**研究制定《海阳市财政金融政策融合支持乡村振兴战略制度试点实施意见》《海阳市涉农贷款补偿金管理办法》《海阳市新旧动能转换基金管理办法》等指导性文件，对财政金融服务乡村振兴明确思路目标，提出推进措施。**三是明确责任早落实。**海阳市成立市长任组长的财政金融政策融合支持乡村振兴战略试点工作领导小组，明确试点措施、细化责任分工，将试点工作纳入市委、市政府“双重点”考核，按月调度；建立联席会议制度，定期召开联席会议，充分发挥资源、资金、职能优势，有力推动了试点工作任务的开展，形成全市齐抓共管乡村振兴的格局。

二、财政部门：设立专项财政基金，补齐乡村振兴建设资金短板

一是设立产业引导基金。2020 年以政府引导、股权投资为主，采取市场化运作方式，引导基金出资 25% 设立 5 亿元规模的“海阳申宏新旧动能转换股权投资基金”，申宏基金出资 20% 设立 1 亿元规模的“海阳礼耕城乡融合发展基金”，目前礼耕基金投资徐家店镇 25 个村土地整治项目，建设规模 4.2 万亩，预计新增耕地面积 3 000 亩，撬动了金融资本、社会力量注资乡村产业。**二是搭建乡村振兴风险补偿基金。**成立省农担海阳办处，由市财政出资 800 万元风险补偿金，建立“财政、银行、农担”三方分担风险运行机制。对按期足额还款的客户按照 50% 贴息（疫情防控期间贴息再提高 1%），担保费率减半收取为 0.75%。顺利帮助海阳市盛海融资担保有限公司扩充资本金达到 3.7 亿元，进一步缓解农户、涉农中小微企业无抵押、无担保融资难题。**三是设立果茶产业专项基金。**聚焦“苹果、茶叶、水产、设施园艺”等重点领域，加大倾斜扶持力度，2019 年起，每年设立苹果产业发展专项基金 500 万元、茶业产业扶持基金 300 万元，培植果茶产业发展壮大。抢抓海阳市入选全国电子商务进农村综合示范县、山东省淘宝直播“村播”试点县机遇，2020 年起，每年设立市级农村电子商务发展基金 300 万元，通过财政奖补、贴息，培育打造“直播 + 特色农产品 + 生产基地 + 电商企业”的产业链条，做大做强农村电商产业。

三、人民银行：用活央行“一揽子”货币工具，发挥政策激励引导作用

一是充分发挥央行再贷款资金精准滴灌作用。先后借助央行 1.5 万亿元普惠性再贷款、再贴现政策及 2 000 亿元再贷款额度政策，引导海阳农商银行等法人机构加大对辖区普惠小微、涉农企业的融资支持力度，确保央行资金直达各链条的“神经末梢”。2021 年以来，累计向 1 087 家农户、涉农企业新投放再贷款 1 091 笔、金额 9.11 亿元。**二是成立乡村振兴宣讲团，落实好“首贷 + 续贷”工作机制。**筛选组建 13 支“金融辅导 + 首贷培植 + 金融

诊疗”服务队，落实好央行两项工具直达惠企行动。积极借助“延期还本付息”“无还本续贷”“信用贷款”等优惠政策，夯实金融帮扶农村产业主体效果。2021 年累计成功培植首贷户 621 户（家），投放信贷资金 6.42 亿元，首贷培植率高达 100%，居烟台县域首位。为 662 家乡村振兴领域普惠小微企业办理延期还本付息业务 822 笔，金额 13.07 亿元。**三是完善普惠金融体系，推动农村金融环境持续优化**。积极打造“普惠金融工作站”，探索实施客户经理驻村制度，在全市 719 个行政村村委办公地成立村级工作站，包村客户经理实行驻村办公模式，为城乡村民提供“一站式”金融服务。截至 2021 年年底，已建成金融村级工作站近 200 处。**四是搭建“信用超市”，加快“信易贷”平台落地应用**。创新搭建金融服务超市，邀请担保、银行、保险等机构全面入驻，打造政银企信多方共建、互惠多赢的线上线下一体金融生态圈。该平台已入驻企业 386 家，金融机构 11 家，累计授信金额 13.05 亿元。

海阳市山东村百年梨园（海阳市农业农村局供图）

四、试点银行：创新产品和服务，稳步提升金融助力乡村振兴普惠性

一是聚焦产业振兴，推动农村新产业新业态发展。聚焦抓好现代农业经营体系建设，探索开展“股权＋信用贷”“强村贷”“海洋牧场贷”“电商贷”“有机果蔬大棚贷”等创新融资模式，多元化支持农村新型经营主体“抱团式”发展。截至2021年年底，全市乡村振兴“一县一品”信贷产品余额达25.28亿元，同比增加35.77亿元，支持各类经营主体5 940余家，是2020年同期的1.51倍。**二是聚焦乡村人才振兴，全力帮扶涉农创业者融资发展。**大力推广“创业担保贷”“乡村好青年贷”“人才贷”等创业就业信贷产品，探索实施“引凤归巢”工程。截至2021年年底，已累计发放“创业担保贷”504笔、金额3.85亿元，带动上千名农民工、高校毕业生、模范青年和农村致富带头人实现创业就业。**三是深抓信用县试点契机，持续推进信用乡村评定工作。**积极依托“金智驻乡”工程，选派金融挂职干部和驻村金融顾问，进村入户扎实开展“整村授信”活动。研究出台《“乡村振兴·信用先行” 整村授信助力乡村振兴战略工作实施方案》，以信用贷款为突破口，深入开展乡村信用工程。截至2021年年底，已完成对全部行政村的“整村授信”，累计完成信息采集2.56万人，发放预授信卡1.46万张，授信11 059户、金额9.21亿元。

栖霞多措并举引导苹果产业转型升级实现高质量发展

2020年，烟台市委市政府制定了《关于加快推进苹果产业高质量发展的实施意见（2020—2022年）》（以下简称《实施意见》）。栖霞作为中国苹果的主产区和烟台苹果的核心区，加快推进苹果产业高质量发展、做优做强做靓“中国苹果之都”“世界苹果之城”的牌子，是事关苹果产业快速完成转型升级打赢打好脱贫攻坚战、实现共同富裕、全面建成小康社会的重中之重。《实施意见》中，栖霞三年需完成老劣果园更新改造40万亩，其中2020年15万亩，2021年13万亩，2022年12万亩。面对苹果产业高质量发展的艰巨任务，栖霞市委、市政府率先提出“以党支部领办合作社为切入点，破解三农领域一系列问题的“栖霞实践”，在全市掀起了一场苹果产业革命。2020年栖霞市完成老劣郁闭果园更新改造17.8万余亩，超额完成15万亩工作任务。标准化示范园建设达9 000余亩，超额完成3 600亩建设任务；2021年完成老龄果园改造143 009.3亩，占2021年计划的114.4%；其中伐老建新55 521.8亩，去大枝35 233.3亩，土壤改良51 651.2亩；示范园建设完成4 510亩，达到原计划任务的110%。

一、围绕“一个切入点”红色引领绿色发展

栖霞市以前拥有16个镇街区，2020年因烟台行政规划变为14个镇街共有853个行政村，农村数量多、农村人口占比高，农民收入85%来自果业。近年来农村“三弱三老”现象越来越突出。在苹果产业高质量发展工作推进中存在三大难题：**一是“地谁来种”**。目前，栖霞市农民老龄化率普遍在

30%以上，部分村庄甚至超过50%。一方面，人口老龄化导致劳动力严重不足，撂荒抛荒现象日益凸显；另一方面，老龄、弱势农民如何增加收入、生活怎么保障等问题亟待破解。**二是“地怎么种”**。传统一家一户的分散经营模式占主导地位，果业生产分散化、碎片化，难以形成规模化、集约化、标准化经营管理，小农户、小生产与大市场、现代农业不能很好地衔接。**三是“由谁来干”**。推动果业转型升级，必须深翻改土、伐旧立新，更新果树品种、革新栽植模式，加之改造后3年内只有投入不见产出等现实问题，部分果农特别是老龄果农思想守旧“改不起”“不想改”。为了破解这三大难题，栖霞市以党支部领办合作社为切入点，破解苹果产业高质量发展三大难题，“独角戏”变“交响曲”。**强化顶层设计，全方位谋划**。栖霞市委、市政府对苹果产业高质量发展工作高度重视，成立了工作领导小组和工作专班，坚持疫情防控和老劣果园更新改造工作两手抓两手硬，鼓励以党支部领办合作社为切入点，推进老劣果园改造工作。**完善工作机制，全领域推进**。制定“苹果产业高质量发展工作推进方案”和“栖霞市苹果高质量发展老龄、郁闭果园和示范园规划建设实施意见”，把老劣果园更新改造任务拆分细化，工作卡实到责任人、落实到村到地块，对完成改造的果园分批次逐个地块验收。要求各镇街区提高政治站位，充分发挥农村党组织和党员典型带头示范作用，广泛发动宣传，以党组织领办合作社为先导，带领提高果农老劣果园改造积极性，把分散的农户组织起来、把零散的土地集中起来，变传统的一家一户分散经营为适度规模经营，实现果园规模化、集约化、标准化生产，同时明确任务，倒排工期，扎实推进，确保按进度高质量完成各项工作任务。

二、构建“五大体系”科学引领健康发展

通过党支部领办合作社，既充分发挥党支部的战斗堡垒作用，让党支部成为苹果振兴的组织者、引领者和推动者，又提高农民的组织化程度，加速果业转型升级，实现了支部有作为、党员起作用、集体能增收、农民得实惠、果业有奔头、农村有希望的多赢局面。**规划体系，全面谋划**。将栖霞现有果园的功能进行明晰，确定了优生区、次生区、适宜区，明确了早中晚熟品种

布局，同时制定了三年 40 万亩老劣果园改造计划。**科技体系，全力支撑。**引进束怀瑞院士工作站，与青岛农业大学联合成立了苹果产业研究院、合作社学院烟台分院、乡村振兴研究院，与中国农科院联合成立苹果试验站，与中国农业大学深化战略合作，实现了农业技术集成化。**经营体系，全盘保障。**推进农村生产关系变革，变传统的一家一户分散经营为适度规模经营，由合作社对土地进行统一开发、统一种植、统一标准、统一管理、统一品牌、统一销售，实现了农业发展规模化、集约化、标准化。**生产体系，全面创新。**坚持生产生态协调、良种良法配套、农机农艺结合，应用新技术、新产业、新业态、新模式，建立大数据平台和物联网体系，实现了管理智慧化、劳动机械化。**产业体系，全域统筹。**以合作社为纽带，一头连起广大农民，一头连起农业产业化龙头企业、科研院所、苗木基地、大型超市，实现了小农户、小生产与大市场、现代农业的有机衔接。

三、激活“一池春水”聚力引领融合发展

从实践看，以村党支部领办合作社为切入点振兴苹果产业高质量发展，抓住了一揽子解决农村问题的“牛鼻子”，迎来了栖霞苹果革命的新局面。**夯实了党在农村的执政基础。**通过党支部领办合作社，一方面让村级党组织干事创业有了舞台、开展工作有了抓手，真正让村级战斗堡垒作用得到充分发挥。同时，将群众利益与集体利益、合作社发展紧紧联系在一起，形成利益共同体，让群众认识到，组织起来更有力量，只有跟着党组织才能过上好日子，真正听党话、感党恩、跟党走，让村集体经济发展有了有效载体，有力促进了集体增收。**实现了果业高质量发展。**通过党支部领办合作社，在经营体系上，把分散的农民组织起来、把零散的土地集中起来，变传统的一家一户分散经营为适度规模经营，实现了入社果园规模化、集约化、标准化经营。在生产体系上，将质量兴农、绿色发展贯穿于产前、产中、产后各个环节，合作社对入社果园统一进行土壤修复，引进最先进的品种统一更新换代，采用最先进的技术和模式，进行统一开发、统一种植、统一标准、统一管理、统一品牌、统一销售，实现了果业全面转型升级。在产业体系上，以合作社

为纽带，一头连起广大农民，一头连起农业产业化龙头企业、科研院所、苗木基地、大型超市，创新实现了小农户与大市场、与现代农业的有机衔接。**鼓起了农民群众的钱袋子。**党支部领办合作社，建立了集体和农民紧密利益联结机制，新品种新技术的投入保守测算，盛果期后每亩果园果农获得各类收入至少提高1万元。同时，合作社优先保障贫困、老龄、弱势农民，真正意义上实现了脱贫攻坚、共同富裕、以地养老。**蹚出了乡村振兴的新路子。**通过党支部领办合作社，实现了以组织振兴引领产业振兴，农业成为有奔头的产业，农民成为体面的职业，加快“逆城镇化”步伐，从而带动了人才振兴。人才带来新的理念、先进的技术，丰富了群众的精神文化生活，进而促进文化振兴。随着果业的转型升级，奠定了人居环境整治的物质基础，“一控两减三基本”得到全面推广，有效解决了农业面源污染这一顽疾，形成清新隽美的田园风光、天蓝地绿的山水画卷、内秀外美的幸福家园，从而加快了生态振兴。

硕果累累（烟台市农业农村局供图）

以干净整洁美丽宜居为宗旨

——芝罘区城郊人居环境整治再攻坚再发力

开展城郊人居环境整治，建设美丽宜居社区，既是乡村振兴战略的一项重要任务，也是事关群众幸福感、获得感和满意度的民生实事。近年来，农业农村局扎实开展城郊人居环境整治三年行动，先后组织开展了城郊清洁行动春季战役、百日攻坚和秋冬战役等系列专项活动，将环境卫生常态化整治与人居环境精细化提升进行有机结合，对乱堆乱放、乱涂乱画、私搭乱建、各类垃圾进行全面彻底地清理，促进城郊社区人居环境由"外在美"向"内在美"，"一时美"向"持续美"转变。

一、明确标准、分类快速推进

针对不少社区已启动或正进行安置房建设、即将搬迁上楼的现实情况，农业农村局明确因居施策分类推进的整体工作思路，将11个尚未启动安置房建设的城郊社区作为重点，以清理"四大堆"、各类垃圾和乱涂乱画为主，对城郊社区的人居环境进行集中整治和改造提升。制定了《芝罘区城郊居民区人居环境整治检查评估范围及评分标准（试行）》，在市级整治标准基础上进行内容再拓展、标准再提高，形成4大类、20小项、67个方面整治要点，提出22条城郊人居环境整治提升要求，从源头上明确了整治标准、评分标准及责任分工。

二、精准施策、多级联动配合

按照区级专项实施方案及整治标准要求，部门、街道、社区三级同频共进，从区委办、区政府办、农业农村局等抽调骨干力量实地驻村督导指导，采取徒步法逐街逐巷查找问题不足，逐个社区建档立册，将所有问题点位全部纳入整改台账实行销号管理，共印发通报35期、下发督办单64份。街道包居领导、包居干部联同“六联六促”共建单位齐心协力出谋划策，为居民解决实际困难；各社区通过召开党员和居民代表大会、进门入户讲解沟通等方式，广泛进行宣传发动，物业公司、保洁队伍、党员干部加班加点合力清理积存垃圾、疏通淤堵沟渠、搬运柴草木堆，居民自发清理房前屋后各类杂物，或者收入院内，或者整齐堆放在平房顶上。其中只楚街道北皂、西玉不少居民主动拆除门前小棚和煤池，让街巷胡同拓宽一倍，既方便自己出行也便利他人。短短几个月时间，11个城郊社区的“四大堆”、野广告、路边沟渠垃圾、私搭乱建等顽疴痼疾基本清除完毕，人居环境面貌由“脏乱差”变为“净齐美”。

三、以民为本、完善基础设施

本着“只要百姓居住一天就满意一天”的理念，区级投入3 800万元对11个城郊社区主次干道及背街小巷进行全方位无死角地平整硬化，共加铺沥青罩面4.68万平方米，铺筑水泥混凝土路面21.1万平方米，铺筑预制混凝土方砖路面2 100平方米，彻底解决居民“晴天一身土、雨天两脚泥”的难题。考虑到居民日常生活排水需求，在路面施工时预留排水沟槽和下水篦子，有效解决街面污水横流难题。针对垃圾箱老旧破损情况，更换配置了608个新式垃圾箱，设计建设了67个垃圾分类投放亭，在每个垃圾箱上都安装了拉环便于居民投放垃圾。针对线缆杂乱这一难题，聘请专业力量进行3轮弱电线缆整理捆绑，有效解决“空中蜘蛛网”问题。

四、精细提升、群众拍手称赞

在完成环境卫生起底式大清理大整治的基础上，农业农村局组织街道、社区到龙口市、蓬莱区等地学习好经验好做法，制定印发了《芝罘区城郊人居环境精细化提升指导手册》，从组织体系、特色亮点、绿化美化、细节提升

4个方面入手，指导街道因居施策进行精细化提升。其中黄务街道在对居民墙面进行统一粉刷的基础上，以“建设美好家园”为主题，结合“汇聚正能量、共筑中国梦”“和谐家园”“邻里守望”等8种社区治理理念，分别设计8种主题的文化墙，让人居环境整洁干净、乡村振兴人人受益、家庭和睦邻里和谐等观念真正入眼入脑入心，居民群众普遍给予认可和好评，幸福感和获得感大幅提升。黄务街道东珠社区老党员深深感受到家乡短时间内环境面貌发生的巨大变化，主动捐款8 000元为社区安装了40余盏太阳能路灯，暖心照亮居民夜间回家路。

下一步，农业农村局将在巩固现有整治成果的基础上，扎实推进城郊人居环境整治五年行动，变“运动式”为“阵地式”，做到常态化整治、全域化治理、长效化保持、精细化提升。严格落实“总负责人—网格长—网格员”三级网格责任制，实行划片包干，完善环境卫生长效管护机制。进一步强化软环境建设，研究制定城郊人居环境卫生居民守则或行为规范，探索“流动红旗”“胡同长”等社会治理形式，广泛发动群众“收拾屋子、打扫院子、整治巷子”，养成良好卫生习惯和健康生活方式，切实营造“户户有责任、人人抓整治”的良好氛围。

干净整洁的老旧小区街道（芝罘区农业农村局供图）

昆嵛山里的生态乐土

——昆嵛区保护绿水青山　迎来金山银山

横跨烟台、威海两市地域，总面积 15 416.5 公顷的昆嵛山国家级自然保护区，是山东省唯一一个森林生态类型的国家级自然保护区。这里是中国赤松原生地和天然分布中心，拥有全世界保存最完好的赤松林生态系统，是胶东半岛城市群不可复制、不可替代的“生态绿肺”和“都市田园”。昆嵛山最宝贵的内在品质，在于喧嚣之外的那份自然与宁静，昆嵛山人接力传承保护下来的原生森林生态系统，则让这里成为一方生态的乐土。

一、一座“生态博物馆”

昆嵛山国家级自然保护区位于烟台市东部，与烟台市牟平区、威海市文登区相邻，依托昆嵛山林场而建立。15 416.5 公顷的总面积中，84.2% 由烟台市管辖，15.8% 由威海市管辖，核心区 6 486 公顷，缓冲区 4 481 公顷，实验区 4 449.5 公顷。昆嵛山主峰泰礴顶，海拔 923 米，取“有泰山之势而气势磅礴”之意，是胶东半岛东部最高峰。

昆嵛山属长白山系崂山山脉。黄、渤海的分界，使昆嵛山与长白山主体长期分离，暖温带三面环海的地理特征发育形成了独特的生态系统，孕育了丰富多样的生物物种。虽然地处暖温带，但昆嵛山却有着多样的气候特征。在这里，中国东北的落叶松和湖北的杉木能够同时存在，十分罕见。

在地球同纬度，昆嵛山是生物多样性最丰富的地区之一，是不可多得的自然生态博物馆和珍贵物种基因库，拥有野生植物 1 265 种、野生动物 1 164 种，12 种动植物因首次在昆嵛山被发现而成为模式动植物。为防控有害生物，中国林科院在此建有“定位研究站”。

几十年来，通过加强生态保护，昆嵛山保护区的林木蓄积量增加了几十万立方米。近年来，昆嵛山保护区科研人员不断联合国内高校、科研院所开展物种保育工作，先后开展启动了苔藓植物调查、维管植物调查、鸟类种群调查、红外相机观测野生动物，以及森林昆虫调查等项目，在生物多样性保护和研究工作上成绩卓著。更为重要的是，远远不同于城市城区零星点缀式的“园林绿化景观”，昆嵛山保护区浩瀚连绵的天然林生态系统有着完整的生态功能，昼夜不停地在输出着优良生态产品，持续发挥克服缓解“城市病”的“生态医院”作用。

2018 年 8 月，昆嵛山保护区举办植物资源调查暨《昆嵛山苔藓志》出版座谈会。会上，来自中国工程院、国家食用菌产业技术体系、山东师范大学、鲁东大学、山东大学威海校区等科研院所和高校的专家学者，集体为昆嵛山的生态保护工作“点赞”。在重新启动资源调查过程中发现，昆嵛山新增加 195 种野生动植物，其中新记录苔藓植物 192 种，新记录昆虫 3 种。

山东大学的科研人员研究发现，昆嵛山保护区在涵养水源、保持水土、释放氧气、固化二氧化碳、分解二氧化硫、滞留大气尘埃、科学研究七大生态服务功能上，每年创造直接生态价值超过 10 亿元，而其物种多样性、遗传多样性形成的潜在价值更是难以估量。

二、何为“昆嵛山模式”

为更好地保护利用昆嵛山这片天然林场，2010 年 7 月，昆嵛山保护区工委、管委成立，并在国务院公布的保护区 154 平方公里范围基础上，增设 20 平方公里保护带，依托保护带内的 36 个村、1.2 万人组建昆嵛镇，纳入重点保护范围，负责昆嵛山保护区经济和社会事务的统一领导、统一管理。

从生态保护、物种恢复、环境指标、群众意识四个方面，昆嵛山保护区全方位、多角度展现出保护、发展、共赢的“昆嵛山模式”。全方位加强生态保护、践行新发展理念、推动高质量发展，正在昆嵛山落地生根，成为生动实践。

昆嵛山保护区工委、管委自成立以来，坚定保护一方生态安全的责任担当，加大森林防火、有害生物防控、取缔人为破坏等工作的力度，持续实现了“零火灾”“有虫不成灾”的目标，资源存量持续上升，生态系统平衡、生态功能完整，旗舰物种中国赤松在自然演替过程中达到了亚顶极状态，所辖36个村多年不见的原生野生生物正在“回归”。

以保护求发展之路使广大群众认识到，生态是生存之基、生活之要，只有生态好才会生活好。自2014年起，昆嵛山保护区工委、管委发起全民总动员，依靠群众、发动群众，每年组织全体机关干部进村入户与群众一对一签订森林防火责任书并发放森林防火纪念品，同时开展防火关键期“身着迷彩服，臂戴红袖章，手提垃圾袋”活动，边巡逻值守边开展环境卫生整治，这一做法得到了省、市领导的充分肯定和高度赞扬。

坚持惠民利民、让人民满意的方针不动摇，昆嵛山保护区工委、管委全覆盖实施了36个村“美丽山村”建设、特色生态农业扶持、“林家乐”乡村旅游发展、高寿老人“高龄津贴”、环区免费公交服务、农田水利设施兴建等一系列昆嵛蝶变工程。

源于“昆嵛山模式”的创新实施，昆嵛山珍贵的物种资源一方面伴随生态环境得到不断优化，另一方面伴随生态科研不断深入，正在越来越多地被挖掘认知。在这里，胶东仅存的狗獾种群数量趋于稳定；珍贵野生中药材灵芝、天麻等种群数量逐年扩大；消失多年的原生河蟹等湿地生物重现河道；野生梅花鹿在野外监测中被重新发现。

通过“昆嵛山模式”的生动实践，昆嵛山保护区先后获评国家生态旅游示范区、全国自然保护区建设管理先进集体、中国森林养生基地、中国森林氧吧等荣誉，并成功加入中国生物圈保护区网络。

三、深山里的“绿色产业”

绿水青山就是金山银山。依托昆嵛山国家级自然保护区优良的生态环境，保护区大力发展“绿色产业”，一批特色农产品从深山里“走”出，成为助力农民脱贫致富的“金钥匙”。

昆嵛山春色（烟台市农业农村局供图）

自2015年以来，昆嵛山保护区工委、管委连续六年出台《关于促进特色生态农业持续发展的实施意见》，每年安排专项资金300万元，发展“名、优、新、奇、特”农产品，走特色农业、生态农业、精品农业之路。

绿色、生态、安全、健康，是昆嵛山特色农产品的四大“标签”。这片天然、无污染的保护区，就是农作物生长最大的“保护伞”，深山里的土壤、空气、阳光、雨露孕育出独具特色的农产品。

昆嵛正源食品有限公司、昆之阳生物科技有限公司、君沅茶场专业合作社是昆嵛山保护区从事农产品经营的龙头企业、合作社。这些企业、合作社的发展壮大，不但解决了周边村庄的土地撂荒问题，也带动了群众增收致富。

目前，昆嵛山特色生态农业已培育出昆之阳蜂蜜、烟薯25地瓜、昆嵛高山绿茶、精品五谷杂粮、猕猴桃、黑果花楸等特色农产品，富有昆嵛山特点的生态农产品种类不断丰富，品牌影响力明显增强，市场占有率持续提升，同时也带动了农民收入的稳步提高。

通过持续输血、不断造血，近年来，昆嵛山保护区的特色生态农业不断发展壮大。为保障昆嵛山保护区特色生态农产品的质量，确保消费者“舌尖上的安全”，昆嵛山保护区工委、管委于2016年底建成了占地300平方米的综合检测中心，2017—2021年完成了区内农产品及6大特色农产品农残抽检1 441批次，并对生态农业的390份土样进行了测土配方施肥检测，为当地特色生态农业的健康发展提供技术指导和安全保障。同时大力推广生物有机肥和粘虫板等新型农业生产技术，实现了病虫害物理防治，减少了作物农药残留，有效提高了产品品质，丰富了农产品生态内涵。

随着时代的发展，网上销售已成为农产品销售的重要渠道，“藏”在昆嵛山里的农产品也搭上了时代的“列车”。为提高第三方运营商、个人网店销售昆嵛山农特产品的积极性，昆嵛山工委、管委制定出台了扶持电商发展的相关政策，对第三方运营商、个人网店进行扶持奖励，并引进了京东、苏宁等国内知名电商平台。通过网上销售，昆嵛山特色农产品的知名度得到进一步扩大。与此同时，通过不断完善产品包装，增强“昆嵛印记”，昆嵛山特色农产品品牌得到不断提升，昆嵛出品“飞”出深山，走向了更为广阔的天地。

IV

镇村案例

PART FOUR

烟台市典型镇村乡村振兴发展模式

烟台经济技术开发区古现街道全貌

(烟台市农业农村局供图)

栖霞市官道镇建成八家府万亩苹果谷

苹果产业是栖霞最大的富民产业，是栖霞的“金字招牌”，也是官道镇的支柱产业。2020 年，官道镇积极响应上级号召，大力推进苹果产业转型高质量发展，以老劣果园改造为着力点，完成改造任务 1.2 万余亩，全面推动果园经营向规模化、机械化、集约化发展，同时因地制宜，成方连片建设标准化示范园，变传统果园生产管理方式为现代种植模式，全镇 6.5 万亩果园完成全年苹果总产量 18.7 万吨。在此基础上，官道镇立足区位优势、科学谋篇布局，集中力量打造以八家府村为中心，辐射周边 11 个村，集脱毒苗木规模繁育、老龄果园改良提升、现代栽培模式示范、循环经济强链补链于一体的万亩苹果谷，总面积达 13 000 亩。

一、种苗繁育规范化

重点扶持培育实林、润林、中惠等 3 家种苗繁育企业，开展苗木脱毒化、工厂化繁育，苗圃面积 2 000 亩，年可出圃优质苗木 600 万株以上。其中实林科技有限公司是全国首家能够进行苹果矮化自根砧脱毒苗木工厂化繁育的新型农业公司，该公司组培实验室自主研发的苹果苗木，是目前国内唯一能够实现抗重茬的脱毒苹果苗木，成活率高达 98%。公司建设的培育基地总面积达到 1 000 亩，主要用于种苗的繁育和培育试验，基地配套先进的温湿度调控系统、无菌操作系统、电力系统、供水系统，采用一流的细胞组织培养技术，实现高档苗木工厂化快速繁育。

二、栽培模式规模化

着眼于苹果全产业链提升，借助栖霞市委、市政府创建国家现代农业产业园的契机，坚持“红色党建+绿色产业”，采取“党支部领办合作社+龙头企业+基地+农户”模式，成立11个村党支部领办合作社，开展现代栽培模式的规模化经营，打造示范园7 000亩，带动引领苹果产业转型升级。示范园内实行宽行密植的种植模式，栽植矮化自根砧脱毒苗木100万棵；同时平整村四边地、沟渠等新获得土地180亩，作为集体土地入股，有效增加种植规模和村民收入，丰产期预计增加村集体收入600多万元。

三、老龄果园年轻化

积极推进果业新旧动能转换，对老龄果园进行“三改三减”，打造了以烟台市级示范园“栾格庄千亩示范方”和栖霞市级示范园“八家府示范园”为

八家府万亩苹果谷（栖霞市农业农村局供图）

代表的多个改造示范园，苹果谷内整体老龄果园占比仅为 12.1%，同时设置 1 000 亩种植轮作区，为新植园建设打下良好基础。

四、循环经济生态化

引进万华生态板和泰宇生物科技公司，利用废弃苹果树干、枝条制作零甲醛生态板材、提炼木醋液，年可回收果农废弃苹果枝条 8 万吨以上。引进烟台红富士家居公司，进行家具全屋智能定制生产，形成循环生态产业。万华生态板业（栖霞）有限公司主要从事以苹果枝条为原料，以不含甲醛的二苯基甲烷二异氰酸酯（MDI）生态胶黏剂为黏合剂，采用专利高新技术生产零甲醛释放的系列生态防潮板材，年生产各类生态板 5 万立方米。泰宇生物科技有限公司以果树枝条为主要原料，提炼木醋液和生物质炭，广泛用于生物驱杀虫剂、高端环保型炼钢还原剂、医用原料、食品添加剂、农药原料、土地改良等方面。项目全部投产后年产木醋液 3 000 吨，生物质炭 10 000 吨，年产值 7 000 万元，利税 1 400 万元。烟台红富士家居股份有限公司栖霞分公司主要从事全屋定制、办公家具的研发、设计、生产及销售和服务，全部生产线建成投产后，利税可达到 2 亿～ 3 亿元。

五、科技培训常态化

投资 300 万元，建设建筑面积 1 500 平方米的实训基地，设置可同时容纳 500 人的培训教室，配备 LED 大屏、多媒体设备和网络设备。同时，外建现代苹果示范园 550 亩。依托实训基地，提供组织建设、社员培训、规范管理、技术指导、人才培育“五大服务”，实行项目统一评估、章程统一把关、合同统一保管、印章统一保存、资金统一代管、物资统一调配、收益统一规范“七统一”管理模式。同时，不定期开设“大讲堂”，开展远程和视频教育，定期组织党员群众到示范园开展现场教学，实现“进门是课堂、出门是学堂”的培训模式。

根根海带铺就“幸福路”

——大钦岛“海带之乡”产业发展之路

“三农工作就是抓乡村振兴”，长岛综试区大钦岛乡作为典型的海岛乡镇，近年来大钦岛乡秉持乡村振兴铸魂赋能理念，深耕蓝色经济，擘画海洋新篇，以海带产业为撬点，突出党建引领一个根本，推进人文提升、环境提升两个工程，不断做强做大海带产业，走出一条富有特色的乡村产业振兴之路。

一、筑牢“党建+”根基，凝聚振兴磅礴力量

大钦岛乡坚持党建引领乡村振兴，聚焦“产业兴旺”这一重点，着力在压实责任、建强队伍、完善体系、渔业提质增效上下功夫，扎实推进抓党建促发展，乡村积极推行“党建引领 产业富民”发展模式，各村全部成立党支部领办合作社，把党的组织优势融入海带产业发展中，通过典型引领、示范带动，激发渔村内生动力，树立产业发展信心，围绕现代渔业产业升级转型，大力开展高效生态水产养殖业，抓示范抓精品，做大做强海带产业，放大品牌效应，着力把海带产业打造成大钦岛经济增长红色引擎，实现组织建设与产业发展的互促共赢。

二、做好“产业+”文章，振兴蓝图绘到底

振“产业”则兴“乡村”。大钦岛乡是著名的“中国小浩海带”的故乡，有着近70年的养殖历史，海带养殖闻名遐迩，已形成了大钦岛海带这一地理品牌。近年来，围绕建设生态旅游度假岛的目标要求，准确把握经济发展新常态，以提升自身发展能力为重点，以突出乡村振兴建设为主线，培强做大

海带优势产业，如今，全乡养殖海带面积达 1.2 万亩，养殖数量达 244.419 万绳，产量 2.2 万吨，鲜海带最高亩产达到 15 吨，年产值达 2.39 亿元，人均可支配收入达到 2.35 万元。大钦岛乡出产海带常年畅销日本、韩国等地，出口量占全国的 70% 以上，海带养殖让渔民走上了致富路。

随着海带养殖规模的壮大，大钦岛乡在稳定海带为主导品种养殖的根底上，开始探索海带养殖生产加工新模式，不断延伸海带产业链，推动海带产业从简单加工逐步向精深化、规模化方向发展，通过培植村集体产业发展的主心骨，逐渐培育出一批产业龙头企业，海带生产逐渐形成产、供、销一体化，带动渔民抱团发展。

三、打造“生态＋”模式，绘就振兴锦绣画卷

乡村要振兴，人居环境整治是第一仗。大钦岛乡始终将生态保护当作一项民生工程、民心工程来抓，夯实基础，着眼常态，按照“全民共建、整体推进、常治长效”的工作思路，全速、全域、全力按下打造生态宜居大钦岛

满载而归的渔民（烟台市农业农村局供图）

快进键。2021年，大钦岛乡投资100万元完成南村至北村露天排水渠升级改造工程，铺设排水管道550米，彻底解决南村多年的内涝问题；投资300万元对南村南、小浩村西矿山地质灾害隐患点进行危岩清理工作，消除了安全隐患，改善了生态环境；投资184万元完成码头至台山寺主路面维修、主干道环境卫生整治等项目，人居环境更加整洁；岛内存量垃圾全部外运，垃圾分类全面铺开，累计收集厨余垃圾22.3万千克，产出有机肥2.5万千克，有机肥转化率达11.2%；建成垃圾压缩中转站，将其他垃圾压缩后及时清运出岛，实现岛内垃圾减量化；加快推进生态环境修复治理工作，完成4处山体修复，种植苗木4万余株；实现树木病虫害药物喷洒1.2万平方米，海岛生态环境成效“再升级”。

四、激活“文化+”赋能，蹚出振兴宽路子

海带夹苗、晾晒海带、剪边打捆……这些大钦岛乡随处可见的繁忙生产场景，吸引央视、新华社、《人民日报》、山东卫视、《齐鲁晚报》等多家媒体来岛对海带收割、海带晾晒等渔事活动进行拍摄报道，探索“海带岛”的奥秘。

大钦岛乡充分挖掘本土特色文化资源，以提高“海带之乡·渔牧大钦”知名度，让海带文化真正“走出去”为目标，探索“文化+”多产业融合发展模式，将海带文化元素与乡村文化产业深度融合，先后投资200余万元打造海带文化展馆、海带文化墙等“一岛一品”项目建设，高标准塑造“海带之乡·渔牧大钦”文化品牌；投资319万元完成台山寺景观道路提升改造、码头至台山寺文化一条街美化等九大文化项目建设，打响“海带之乡·渔牧大钦”文化品牌，对外展示大钦岛乡新形象，开辟海岛文化振兴发展新路径。

海岛乡村焕新颜

——打造美丽、富饶、和谐北隍城乡

北隍城乡位于山东省最北端，黄、渤海交界处，北距旅顺 24 海里，南离蓬莱 35 海里，岛陆面积 2.79 平方公里，海岸线总长 10.74 公里，辖山前、山后 2 个行政村，人口 2 000 余人。林木覆盖率达 56%，植被覆盖率为 95%，年平均气温 12.9℃，具有冬暖夏凉、无霜期长的特点，负氧离子含量高达 2 万个 / 立方厘米，是理想的旅游避暑疗养胜地。

近年来，北隍城乡紧紧围绕区工委、管委创建“三区”、打造“三岛”的决策部署，立足自身实际，按照“统筹规划、攻坚突破、持续提升”的思路，着力在美丽渔村建设和民生改善上重点突破。通过各项工作的开展，北隍城乡村容村貌逐渐改善，群众满意度不断提高，真正实现了环境美、生活甜的美丽乡村。

一、产业兴旺

北隍城乡地处渤海深处，以海为生、凭海而兴，渔业是传统优势产业，盛产顶尖的海参、鲍鱼、海胆、虾夷扇贝等海珍品，是全国闻名的“鲍鱼岛”“海参之乡”。20 世纪 90 年代以前，以出海捕捞为主，由于过度捕捞，近海渔业资源日渐枯竭，渔民们被迫从近海向岸边迁徙，大规模开建海珍品育保苗厂，并发展近海养殖。但时间不长，岸上的育保苗场直接排污入海，养殖区域、养殖用量包括承载力明显下降，陷入恶性循环，导致养殖近乎绝产，给渔民带来灭顶之灾。残酷的现实，促使北隍城乡开始对渔业发展进行反思，决定实施第三次转型，发展生态渔业。首先，全面拆除育保苗厂，改善岸滩生态环境；其次，以海带养殖、虾夷贝养殖、海珍品底播增殖和近海捕捞为主体，探索发展“上层藻、中层贝、底层海珍品”的立体生态养殖模式，建设了3 500亩养殖面积，11 000亩底播增殖区，有30多种经济鱼类和200多种贝藻在此生息繁衍，是刺参、皱纹盘鲍、海胆、鲍螺、虾夷扇贝等海珍品原产地。海参年产量150吨、鲍鱼年产量20吨，产值8 000万元以上。党的十八大以来，海洋生态文明建设被纳入海洋开发总体布局，海洋生态治理提上日程。通过海上环卫、湾长制、港长制等多项制度建设，常态化开展“净滩行动”，清理海岸线5公里，以及新建1处油污处理设备、1所环保公厕等硬件投入，全岛岸滩环境进一步改善。有了美丽的容颜，也就有了更多寻觅美丽的足迹。北隍城乡借势打造18家“渔家乐•民宿”，综合推动“全民当三员”活动，催生渔岛民宿旅游热，年旅游收入达到330万元。

二、生态宜居

以森林村居创建工作为导向，结合造林绿化计划，近年来，北隍城乡每年都发动群众开展植树添绿活动，投入资金几千万元，因地制宜栽种龙柏、樱花、木槿、月季、红叶石楠、黑松、海棠、百日红、榆叶梅等各类苗木、鲜花万余株。在居民房前屋后的花坛安装了几百米的栅栏，在花坛内进行了绿化建设，总花坛绿化面积达到1万平方米。在多措并举，全方面提高森林覆盖率的同时，北隍城乡更是不断追求高水平建设。依托美丽庭院、美丽乡村创建活动，通过落实“居室美、庭院美、厨厕美、家风美”四美目标，以挂牌展示、打分评比等方式提高村民参与的积极性，形成“全民参与、全民共建、全民共享”的火热氛围。

三、乡风文明

富了“口袋”，还要富“脑袋”。近年来，北隍城乡结合海岛实际，以“乡风民风好起来，文化生活美起来”为目标，深入挖掘“渔俗”文化、红色文化，有力促进了村民文明素质提高、乡村文明进步。北隍城乡山前村利用废旧仓库改造了“BHC38°”美术馆，展示老旧渔业物资改造的装置艺术，将民俗特色渔绣、剪纸、北隍城乡景观摄影纳入其中，吸纳海岛独有的地标文化、渔绣文化、妈祖文化和军旅文化，承载了渔村发展的精神脉络和精神寄托。依托村新时代文明实践站，吸纳社会各界志愿者近 120 人，组织清洁家园环境整治、拥军进军营、移风易俗宣传等各类志愿服务 10 余次，先后荣获烟台市“生态文明乡村建设暨乡村文明行动工作先进乡镇”、山东省“省级文明村镇”等荣誉称号。

四、治理有效

完善制度化、体系化建设，着力建立健全新时代的乡村治理体制。北隍城乡将“加强基层党组织建设、打造乡村振兴主心骨”作为乡村治理的重要举措，秉承“一个支部，一座堡垒；一个党员，一面旗帜”的工作思想，抓基层打基础，抓班子带队伍，抓亮点求突破，扎实推进党建工作，为全乡经济又好又快发展提供强有力的组织保障，为提升渔村群众幸福感、获得感奠定制度基础。有了好的制度基础，更要有好的实践成果。各村党支部通过干部坐班、党员联户大走访、志愿服务等多种方式，面对面倾听群众呼声，心贴心了解群众需求，累计解决群众困难、帮助办理事项 2 000 余次，获得了群众的一致称赞，全面营造了干事创业的浓厚氛围，2019 年北隍城乡荣获山东省“人民满意的公务员集体”。

五、生活富裕

产业的发展，为北隍城乡铺就了一条金光灿灿的致富路。村民人均年收入为 2 万元，农村经济总收入达到 2 亿元。在村富民强的同时，北隍城乡又瞄准民生短板和群众需求，进一步优化民生供给、改善基础设施，提升群众幸福感、获得感。北隍城乡先后投资 3 000 万元建设二级渔港，投资 1 000 万元延伸建设陆岛交通码头；投资 90 余万元改造 2 350 米污水管网；投资 260 万元建成污水处理站 2 处，实现了全乡改厕率、群众生活污水达标排放率两个 100%；投资 1 000 余万元翻修 1.6 公里主干路，建设 2 处淡化水站，日海水淡化能力约 100 吨，实现岛上居民 24 小时供水。

北长山岛码头（长岛海洋生态文明综合试验区供图）

深藏远海、地处边远的海岛乡村，缘何能发展至这样令人心驰神往？深入探究其成功之道，在于牢固树立“两种理念”，充分发挥好“两个优势”。

“两种理念”：一是生态理念。新理念催生新发展。实践证明，生态既是北隍城乡“新时代名片”，又是群众开启幸福密码的“金钥匙”。靠山吃山，山会空；靠海吃海，海会穷。北隍城乡的今天并非一蹴而就，正是体会到“从靠海吃海到透支生态”这个发展阶段的粗放和脆弱，才痛定思痛，迎来“护海养海，发展生态渔业”的模式之变。可以说，既是自觉选择，又是历史必然。如今“保护生态就是保护生产力，改善生态就是发展生产力”的理念已经深深植入北隍城乡人的心中，虽然依然是靠海吃饭，但只要始终如一坚持生态的理念，守住身边的蓝天碧海，就会守住幸福生活的“聚宝盆”，子孙后代都可以像祖辈一样接受大自然的无尽馈赠。二是为民理念。共产党人有着全心全意为人民服务的初心和誓言，在北隍城乡政府里挂着一幅字“此心安处是吾乡”，这正是最真实的体现，岛即是家，家即是岛。把村里的事儿当成自己家的事儿，把村里的人当成自己的家人，像尊重自己一样去尊重村民，像建设自己的家一样去建设村庄，才能把工作干到百姓心里去、干出百姓认可的成绩，才能与人民心连心、同呼吸、共命运，形成推动乡村振兴的强大合力。

“两个优势”：一是强大的村集体经济。集体经济是农村经济和各项事业发展的最有力保障。北隍城乡因地制宜，统筹各村实行“合作社 + 农户”的发展模式，村集体将海域承包给合作社经营，村集体收取租金。2020 年，北隍城乡农村经济净收入达到 5 000 万元以上。随着集体经济壮大，就有了更强的动力和实力为村民提供服务、增加公共供给，就有了海水淡化厂、二级渔港、污水网管及配套设备等各项基础设施的建设提升，有效提升了村民生活的便利性和舒适度。二是村支部核心引领作用。村庄好不好，关键看支部；支部强不强，要看村支书。乡村振兴难不难，只有经历过的村才知道，资金筹措、产业发展、生活陋习改变以及各种利益的平衡等，无不充满了争执和矛盾，北隍城乡的情况也不例外。可以说，有今天的辉煌，几代村支部一班人功不可没。北隍城乡产业发展坚持党的绝对领导，根据发展潮流和实际情况，及时调整发展战略，从近海到远海转换 2 个战场，从粗放养殖到立体养殖再到生态养殖历经 3 次转型升级，切实体现了党支部、村支书的把舵领航作用。

打造“大海深处”幸福家园

——长岛综合试验区南隍城乡乡村振兴实践

南隍城乡位于山东省最北端，北距旅顺 24 海里，南离蓬莱 35 海里，岛陆面积分别为 1.83 和 2.89 平方公里，是镶嵌在渤海中的一颗璀璨明珠。南隍城乡下辖 1 个行政村，共有 325 户、956 人。南隍城按照省委、市委关于建设海洋生态文明综合试验区的总体要求，坚持生态优先、绿色发展，一步步提升“绿水青山”颜值、做大“金山银山”价值，凝心聚力打造乡村振兴海岛样板，建设宜居宜业宜游的幸福家园。

一、立足民生事业，发展成果全面共享

一是深化精神文明创建。创建文明城市，建设美好家园，近年来，投资 200 万元建造乡村文化馆暨新时代文明实践中心，已委托市规划设计院在现有幼儿园基础上进行设计改造；组织全乡志愿者开展植树造林、环境整治、拥军等多种志愿活动，积极营造文明向上、互帮互助的社会氛围；组织村级在“春节”“端午”等传统节日、“七一”“八一”“十一”等重要节日节点，积极开展文艺晚会、演讲比赛等群众参与性强的文化娱乐活动，开展各类文体活动、文艺培训 16 场次，进一步丰富群众文化生活。**二是提升医疗卫生事业。**创建卫生渔村，构建和谐家园，2020 年南隍城乡荣获国家级卫生乡镇称号，投资 60 万元对原边防警务室进行改造，建设 1 处卫生院及老年人日间照料中心，改造面积 500 平方米，并已经成功挂牌使用。南隍城村卫生室负责人宋培阳荣获山东省“最美乡村医生”称号。邀请烟台开发区昆仑山医院曲明院长团队来岛为岛上居民免费进行健康体检，乡计生办联合村卫生室开展

亚洲最大量产型深海智能网箱平台经海 001 号（苗春雷供图）

"5.29 会员活动日"集中宣传活动，传播日常医疗卫生知识，宣传科学文明进步的婚育观念。**三是推进美丽乡村建设。**心要净化、山要绿化、村要美化，南隍城乡党委将环境卫生整治列入党建引领乡村治理系统化提升工程，由村"两委"成员划片包干、责任到人，每月组织一次大环境卫生整治行动，实施村庄、道路景观提升工程，对死亡苗木及时补植，开展枝枯病综合治理，坚决推进违建治理，累计清理轻体房、铁皮房 15 处、128 平方米，占道打虾棚 25 处、228 平方米，累计拆违面积 356 平方米，完成率达到 100%。对乡村广场、海滩、干道两旁、居民区、养殖区、卫生死角等区域 80 余处进行了彻底清理，清理各类垃圾等 540 余吨，清理"僵尸车"、报废车 30 辆。投资 24 万元整体外包主道和海边等重点区域垃圾清理，投资 30 万元购进新型压缩式垃圾车 1 辆、垃圾箱 60 个，城乡环境卫生保洁实现常态化运行。投资 270 万元，铺设主干道两侧彩砖 3 500 平方米，山上栽种黑松 1 500 棵，山下在乡村主干道等区域绿化苗木 12 万棵，绿化面积达 1.5 万平方米，并开展了清理葛根、去枯枝等山林抚育工作，开展环保浮漂更新改造工作，购进更换包衣7 000余个，购进更换浮漂4 000余个，上报更新改造环保浮球30万个。

二、立足服务群众，民生福祉全面提高

产业的发展，为南隍城铺就了一条金光灿灿的致富路。如今，南隍城村是全国最富裕的村庄之一，村民人均年收入在7万元以上，许多家庭年收入达到45万元。在村富民强的同时，南隍城又瞄准民生短板和群众需求，进一步优化民生供给、改善基础设施，提升群众幸福感、获得感。南隍城的居民水、电等费用在不超出定额标准的情况下全免；本岛学生从小学一年级到大学毕业，学费全部由村集体承担，并在区里建起了学生公寓；为村里60岁以上老人缴纳农村社会养老保险，每月男女老人可分别领取560元、460元的养老金；筹措资金400余万元，实现主次干道及宅间道路硬化路100%全覆盖；开展城乡公路大修工程，对码头至坑道口污水、雨水、供暖等各类管道进行重新铺设，码头至坑道口、后口至邮局已完成道路铺设，目前共铺设各类管道4 000余米。投资420万元，改造和新建交通道路2.1公里；实施垃圾无害化处理，投资140万元，建设投产全省首个垃圾热能处理站；推进污水达标排放，投资45万元建设地埋式污水处理设备，在南村新建日处理150吨污水处理站1座；搞好水资源集蓄利用，投资510万元，建设海水淡化设施和蓄水净水设施；建设改造渔港码头、物资储备等大量基础设施；投资1 000万元，分片对实施别墅楼进行综合改造；加强淡水供给能力建设，新建成海水淡化站1处，惠民直饮水站2处，开展淡化水样检测，进一步提升渔村群众饮用水安全和保障水平；开展村庄亮化工程，投资6万余元，在渔港、南村广场、养殖区新增4处照明立灯，并在坑道内安装灯带160米，彻底解决归港后生产作业及群众日常出行、娱乐等照明问题；在现有海水源供暖机组房上安装12台空气源供暖机组，确保群众温暖过冬。

三、立足产业振兴，经济结构不断优化

南隍城村坚定走集体经济发展道路，坚持耕波犁海、富民强村，蹚出一

条独具南隍城特色的乡村振兴之路，确立了“坚持立体生态养殖，有序推动近岸腾退、经略远海，努力推动传统渔业向现代渔业和休闲旅游转型”的发展路子，在坚持贝藻珍立体生态养殖模式的同时，主动控制和压缩近岸养殖规模。上层，保持藻类 3 000 亩规模，实现裙带菜、海带鲜菜产量 10 万吨，产值 4 500 余万元。中层，年均投资 900 余万元，购进虾夷扇贝稚贝苗种共计 90 亿粒，保成苗 30 亿粒左右，产值 2 亿余元。底层，投资 1 500 万元底播海参、鲍鱼苗、海胆苗 375 万粒，其中鲍鱼苗 150 万个，海参 225 万头；平均年产海参 6 万千克，鲍鱼 3 000 千克，海胆 6 万千克，产值 1 900 万元。开展黑鲪鱼养殖工作，购进 700 余万尾自然苗种，苗种已在 260 余个大小网箱中养殖。近年来，为打造海洋渔业新旧动能转换的乡村振兴样板，南隍城乡村两级大胆迈向深海，通过“双招双引”，与中集蓝海洋科技有限公司、北京颐生公司联合成立南隍城海洋开发公司，大力发展海洋牧场建设，积极向深远海养殖掘金，“长渔一号”平台是全国首个配备 5G 基站的网箱平台，利用基于 5G 传输的水下视觉监控系统，管理人员可以直接观察水产品生长情况，智能分析生长数据，科学调整投喂计划。“长渔一号”除了具有海域看护、休闲渔业等功能外，还将养殖功能集成于一身，未来将打造以“自升式

长岛港（唐克供图）

多功能海洋牧场平台＋钢制浮式网箱”灵活性养殖模式，以更智能、更生态的方式，拓宽养殖海域，激发养殖活力，提升养殖收益。“国鲍一号”坐底式深远海智能化海珍品养殖网箱项目投产后，可年产海珍品 70 ～ 120 吨，并搭载水质、气象、水温等大数据监测装置及全新 5G 信号站，以及配备海洋牧场雷达看护设置，具备对养殖网箱及海洋牧场全天候监控监测的功能。“经海 001 号”量产型深海智能网箱采用太阳能、风能作为主电力来源，在日照充足、风力稳定时基本满足日常照明、水下监控、船员间及监控室室内空调的用电需求，同时，将通过自动投喂、水下监测、水下洗网等设备，实现网箱平台养殖的自动化、智能化。“经海 001 号”的成功下水，将填补我国在 30 米水深养殖水域坐底式网箱养殖空白，开启南隍城乡深海养殖智能化新时代。经海 002 号、003 号、004 号网箱平台，均造价 7 000 万元，为钢结构座底式网箱平台，可实现网箱平台的深远海鱼类养殖功能，配备生活、机械平台区域。网箱平台采用风光储能作为日常电力供应方式，并通过自动投喂、水下水质监测、水下智能洗网、智能巡检网衣等设备，以实现网箱平台养殖的自动化与智能化。

全面融合发展　推进乡村振兴

——砣矶镇实施乡村振兴战略典型经验做法

党的十九大明确提出实施乡村振兴战略并写入党章，意义重大而深远。围绕聚焦产业兴旺、生态宜居、乡风文明、治理有效、生活富裕的总要求，长岛综合试验区砣矶镇统筹推进乡村“五个振兴”，探索出了一条适合自己的乡村振兴发展之路。

一、思想指引，把握好乡村振兴总纲领

从思想上行动上坚持以习近平新时代中国特色社会主义思想为指导，认真贯彻落实产业振兴、人才振兴、文化振兴、生态振兴、组织振兴的五方面要求，切实增强责任感和使命感，当好乡村振兴的“排头兵”，推动党的各项任务在基层开花结果。

二、行动支持，因地制宜的“砣矶探索”

（一）产业振兴方面

近年来，砣矶镇坚持走可持续发展道路，大力推动渔养产业转型升级，成立渔养专业合作社，积极推动海洋牧场建设。截至2020年年底，砣矶镇栉孔扇贝养殖73.1万笼，实现销售收入3 942万元；海带养殖面积3 000多亩，收获1 080多吨，产值680万元；收获海参104.5吨，产值2 300万元；收获鲍鱼9.56吨，产值860万元；收获海胆60吨，产值600万元；销售虾夷贝670万元；捕捞收入1 200万元。

在促进旅游发展方面，砣矶镇推动砣矶岛风景游、渔俗游、海上游、红

色文化游融合发展，采取“党支部＋合作社＋产业”方式，以高端民宿建设为抓手，加强招商引资，助推乡村旅游快速发展。截至2020年年底，砣矶镇共引进社会资本2 300万元，新上海上游船2艘，投资1 500万元建成半潜式第二代大型深水智能网箱“天安蓝鲸1号”，改造民宅56户，高档民宿接待床位达到280余张，旅游接待能力、游客体验感显著提升。

（二）人才振兴方面

出台了《砣矶镇关于岛外人才交流与合作的工作方案》等一系列吸引人才回岛政策，鼓励和支持“有文化、懂经营、会管理”的砣矶人回村创业就业，同时更重视“乡土人才”队伍培育，继续加大实施农村劳动力培训力度。吸引北京、山西、济南等外地客商来岛经商，打造出“东山一号”“渔舍”“范小姐的家”等一批高端渔家民宿。更有张喆、孙广昱、吴杰等本岛大批杰出青年回岛创新创业，带动家乡发展、助力家乡公益事业。

（三）文化振兴方面

充分发掘保护“长岛县第一名党员”“第一个党支部”“砣矶岛东北大运兵”等一系列红色文化史实，全力助推“砣矶砚雕刻制作”“大瓜蒌渔船模型制作”等民俗文化非遗项目传承，同时融入新时代文化内涵，实现传统文化的创造性转化和创新性发展，以特色历史文化反哺乡镇。修建的红色文化展馆、非遗文化展馆、海洋文化渔俗展馆，立体式全方位展现了砣矶岛灿烂辉煌的红色文化、非遗文化、海洋渔俗文化。同时，大力弘扬优秀乡村文化，持续加强“四德”建设，深入推进农村移风易俗，积极组织各村进行妇女广场舞比赛和加大力度投资农村书屋建设，培养健康文明向上的生活方式。

（四）生态振兴方面

牢固树立“绿水青山就是金山银山”的理念，全力做好生态涵养区建设，加快推进渔村绿化美化工程，深入开展农村人居环境综合整治和美丽乡村建设。截至目前，全镇栽种各类绿植25 000多棵，新建西村果园种植地，栽种各类苗木1 500多棵。全面推行垃圾分类工作，新增垃圾集中收集点5处，新上厨余垃圾处理设备1台，配备垃圾收集员11人，垃圾收运车7辆，渔村垃圾实现“上门收集”全覆盖。

（五）组织振兴方面

坚持党的建设为引领，严肃党内政治生活，加强基层党组织建设，落实“一岗双责”，把党建责任落到实处。坚持把加强思想政治建设摆上重要位置，推动各支部深入学习习近平新时代中国特色社会主义思想，深入学习党章党规，切实用党的最新理论武装头脑、指导实践、推动工作。积极营造浓厚党建宣传氛围，着力打造磨石嘴村至镇政府驻地的党建示范带，开辟“党建文化宣传新阵地”。切实抓好党支部领办合作社，完善政府干部包村指导制度，从特色高端民宿和生态渔业两方面入手，引导群众聚力发展。

三、理论实践，全面领悟好乡村振兴发展战略

实施乡村振兴战略，我们必须围绕聚焦产业兴旺、生态宜居、乡风文明、治理有效、生活富裕的总要求，持续推动“五个振兴”，一项一项明确目标要求，明确领导责任，明确工作时限，一项一项盯住抓、见成效，确保全镇实施乡村振兴战略高标准高起点起步开局。

在实施乡村振兴战略中，坚持把握好以下几个关键点：一是镇党委政府要始终肩负好实施乡村振兴战略的领导责任，不断提升领导能力，强化战略定力。二是科学制定砣矶镇乡村振兴战略规划，定思路、定任务，明确长远方向，防止重复建设。三是稳定、搞活、创新农村产权经营制度，壮大农村集体经济。四是发挥自然资源优势，补齐生态脆弱短板，走生态路、吃生态饭。五是挖掘、继承、创新特色乡土文化，留住有形渔村文化，传播活态乡土文化，治理不良乡风民俗，厚植人文气息。六是健全自治、法治、德治相结合的渔村治理体系，不断拓展卫生、安全、活力、有序的渔村生活内涵。

坚持党建引领　实行四措并举
积极探索蹚出乡村善治新路径

——龙口市黄山馆镇农村社会事业工作经验初探

位于龙口市西南的黄山馆镇，是明清古驿，总面积28.44平方公里，辖9个行政村，人口1.14万人。这个偏居一隅的小镇，近年来坚持党建引领，实行四措并举，积极探索创新，蹚出了一条乡村治理的有效路径，带动农村各项事业蓬勃发展，描绘出一幅“农业强、农村美、农民富”的美好画卷。

一、以构建体系为先导，塑优乡村治理新格局

强化“家”的理念，把乡村治理定位于“家务”共理，创立“一家人·驿家亲”治理品牌，着力构建“1+2+N”治理体系。**一是凸显“一个”核心，促进资源整合。**充分发挥基层党组织核心作用，结合区域特点，组建“多元聚合型”党组织，整合域内各种资源，探索“多村集聚、多元整合、一核统领”的发展新模式，统一领导村内事务。其中，驿东社区党总支将域内茂源合作社、格润富德公司2个“两新”组织党支部一并纳入，带动党总支累计增收200万元，创造就业岗位200多个，形成支部引领、村企共建、推动乡村发展的新格局。**二是用好“两股”力量，促进示范引路。**一方面发挥党员作用，设置党员中心户，每名党员联系5～9户群众，结对进行帮扶，有效团结凝聚群众，筑牢基层战斗堡垒，激活组织神经末梢，汇聚建设美丽家园的强大合力。另一方面激发骨干作为，全面实行社区村“单元长制”和非社区村“胡同长制”，选出公信力高、责任心强的村民为“单元长”“胡同长”，在显著位置设置公示牌，公开姓名、明确职责，确保事事有人管、件件

有落实。**三是采取“村务民决”，促进规范运行。**涉及各村“村务事”，特别是对涉及经济合同签订等 13 类村级重大事项，严格按照龙口市村级重大事项决策“双流程一记实”同步操作法，经过村级党员和村民代表共同商讨、集体表决，全面征求民意民愿认可后方能“决策执行”，并全程接受群众“决策监督”。

二、以完善机制为支撑，搭建乡村治理新框架

在乡村治理中，黄山馆镇将治理的话语权更多地交给群众，建起共治队伍，搭起自治舞台，形成“民事村代办、村事大家办、大事联合办”的自治共治双治并举的治理机制。**一是用“家务善治”化解群众诉求。**创新搭建“家务善治”载体，成立“家务善治会”，设立“家务善治厅”，建立“管家团”。“管家团”由社区党总支委员、村“两委”干部、各村贤达以及法律顾问等组成固定成员；由镇直单位、辖区“双管”单位，以及企业、社会组织、草根社团负责人等组成非固定成员。每月 20 日设定为家务善治会的固定“团聚日”，召开“家务会”，处理“家务事”，安排“家务活”。迄今已召开善治会议 20 余次，处理“家务事”150 余件，真正让百姓的事由百姓自己解决。**二是用“联村共治”提升治理成效。**以“驿兴”党群服务中心为联村联建主阵地，由工作片和各村两委牵头成立“姊妹团”，改变以往各党组织的各自为营状态，实施联村共治模式，工作同步推进，问题共商解决，通过集零为整、联村共治，切实提升了村级凝聚力、向心力、执行力。在农村人居环境整治过程中，通过联村共治，20 余个整治难题得到有效解决，实现全域环境整治无死角。2021 年以来，黄山馆镇人居环境整治评比成绩始终位列烟台市前茅。**三是用“村规民约”实现有效约束。**乡村治理，群众参与是关键。围绕引导群众有序参与村级治理，着重在“村规民约”上动脑筋、下功夫，按照“尊重民意、上下贯通、合法合规、切实可行”的原则，通过征集民意、拟定草案、通气预批、组织协商、提请审核、审议表决、备案公布等“七步”工作流程，确定了各村《村规民约》，依托党员量化积分榜和村民红黑榜晒单，强化村规民约的正向激励作用，逐步推动群众践行村规民约从基础管理的规范

层面走向认同和价值取向的精神层面。

三、以创新手段为助推，激发乡村治理新动力

随着群众居住社区化和人口老龄化的进程，为更好地回应群众诉求，维护群众利益，乡村治理必须深化为民、便民、利民原则，创新手段，与时俱进。**一是治理单元网格化。**搭建“网格善治平台”，通过三级网格体系，将党员力量嵌入到网格、匹配到群众身边，实现骨干联户全覆盖、志愿服务全覆盖。制定“网格访听 12 条”，每年至少组织开展 2 次普遍性大走访，系统收集群众意见、建议、诉求，及时开展专项整治。疫情防控期间，得益于横到边、纵到底的网格治理体系，黄山馆镇疫情防控工作实现了零输入、零蔓延。**二是村民信誉等级化。**制定《村民信誉积分管理办法》，设定 7 大项 32 类贡献值积分情形、3 大项 6 类索取值积分情形和 6 项一票否决情形，获得的信誉积分，既可以兑换生活日用品，也可以兑换社区服务，激励群众主动参与治理、贡献力量。目前，已有 2 800 多人次村民参与积分兑换，形成“人人争积分，事事争参与”的良好氛围。**三是日常治理智能化。**搭建“e 家亲”服务平台，党员和群众可以登录公众号“e 家亲”小程序，即时上报上传意见建议，问题诉求线上汇总后，由管理员分解交办给相关责任人限时办理。设立“综治管理平台”，连接重点部位的监控系统，提升群众安全感和满意度。

四、以浓化氛围为保障，融入乡村治理新内涵

黄山馆镇全域“治家”理念的形成，是全域群众从思想观念融入行为习惯参与的集中体现，该镇通过强化三项措施，让群众在一朝一夕的日常生活中逐渐成为“治家”的主人翁。**一是抓文化引领，统一价值取向。**依托古驿站和徐镜心爱国主义教育基地等优势资源，充分挖掘黄山馆镇的乡土文化价值与内涵，尤其吸纳其中相互合作、睦邻友善、讲求“和为贵”的乡村治理思想，增加群众从“以家为家”到“以村为家”的认同和归属感，增强群众共建家乡、主动参与的自觉和自信。**二是抓文明实践，倡树良好乡风。**依托

镇级文明实践所和全域覆盖的 9 个文明实践站，探索出“3+4+X”实践模式，打造“志愿梦三角”文明实践品牌，建起红镰党员、镜心解说、彩虹医疗等 9 支功能型志愿服务队及 21 支村级志愿服务队，注册志愿者近 1 900 人。通过开展“送医送药”“结对互助”“爱心义卖”等多种志愿活动，让邻里互助成为乡村治理的助推器，促进和谐共荣的文明乡风日益浓厚。**三是抓环境整治，提升乡村颜值。**通过机关“党员 V 行动”每周一村环境整治集中行动、村居党员干部每月集中清理村居公共区域环境卫生等举措，不断提升村居公共空间的承载力，并在听取群众意见建议的基础上，将整治出的空闲地修建成“微花园”“微广场”“微果园”以及停车场等景观或设施，共同治理乡村环境顽疾，凝聚起“全民化”向美而行的治理合力。

偏远小山村承载“大篇章”

——海阳市郭城镇战场泊村依托红色基因发展特色文旅产业

郭城镇战场泊村依托许世友将军在胶东纪念馆和胶东军区司令部旧址等红色资源，大力发展红色旅游和生态农业，通过引龙头、强合作、育项目，全力打造一个集党性教育、红色研学、户外拓展和乡村民宿为一体的红色旅游样板村。全村修缮、加固了八路军胶东军区机关旧址等64栋胶东民宅，复原了抗日军民学校、许世友旧居、胶东军区司令部等场景陈列，建设红色拓展训练场、游客接待中心和餐厅，完善村内的水、电、网、路等各类基础设施，建设一个1 500余亩的生态农业园，旅游业态和旅游产品不断丰富。该村先后获得“山东省干事创业好班子”“烟台市爱国主义教育基地”“山东省红色文化特色村”“山东省景区化村庄”等荣誉称号。

战场泊村位于烟台市海阳市郭城镇南部，交通便利，地理位置优越，具有丰富的自然条件和深厚的文化底蕴。全村共有耕地2 100亩，作物主要以苹果、小麦、玉米和花生为主，物产资源丰富，村内有多棵百年古树。村庄曾是胶东最高行政、军事领导机关驻扎地，是历史留下来的无可复制的宝贵财富。

近年来，战场泊村打造集休闲旅游、拓展训练、接受爱国主义教育为一体的红色文化村。重点打造红色民宿、农业生态园、基地食堂、户外拓展等项目，推动战场泊村红色旅游经济快速发展。与此同时注重文化遗产的保护，目前许世友将军司令部旧址、饮水思源井、演武广场等红色遗迹保留完好。2014年10月，投资2 000余万元建成的许世友将军在胶东纪念馆及八路军胶东军区机关旧址正式开馆。

为了更好发挥红色文化的虹吸效应，战场泊村积极探索开发特色旅游产品，以许世友在胶东纪念馆和八路军胶东军区机关旧址为依托，坚持“红色 + 旅游”乡村发展道路，开发以下几种形态的旅游产品。

观光度假方面，打造了占地 40 亩的红色主题休闲公园，总投资 150 余万元，公园设有宣誓广场、瞭望亭、红色主体雕塑、红色互动体验区、红色文化展示长廊等，将红色主题融入现有环境。

农事体验方面，流转 1 500 多亩土地打造了农业种植园，园区内种植丰富多样的蔬菜瓜果，游客在亲身播种、栽培、收获的过程中，体会劳动的辛苦与乐趣。

民俗文化方面，许世友将军在胶东纪念馆展陈面积 1 000 多平方米，八路军胶东军区机关旧址区由两条街、四个广场和旧址三部分组成，64 栋古朴的民宅还原了历史原貌。

为达到“旅游 + 产业”的稳健发展效果，战场泊村通过多种途径实现旅游业和第一、第二产业的融合发展。一是建有特色农副产品展销长廊，为老百姓出售自家种植的苹果、樱桃等特色农产品提供场地，通过搭建平台，加快农业与文化旅游深度融合，以农助旅，以旅兴农。二是发展采摘旅游，在樱桃、桃子成熟的季节，游客到种植园进行新鲜水果的采摘，还可以把自己采摘到的产品带回家。

为构建优美宜居生态家园，扮靓美丽乡村，战场泊村从村庄硬化、绿化、亮化、美化、净化等方面入手，全面改善生态环境和人居环境。其中，**在人居环境建设上，**全面实施村庄清洁行动，配备垃圾箱 36 个，专职保洁员 7 人；进行无害化厕所改造和污水处理设备建设，同时建立垃圾清运、道路养护、绿化管护等长效机制提高村民生活环境治理，逐步建立生态宜居的红色生态旅游村庄。**在美丽乡村建设上，**先后投资 1 000 余万元。其中，投资 400 余万元先后对村内主干道、进馆路等 7 条主要道路进行硬化，对机关旧址 12 条道路进行假石铺装；投资 60 余万元对村集贸市场进行硬化；硬化道路 18 000 平方米，栽植苗木 4 000 余棵，修建广场两处 1 700 平方米，安装路灯 60 盏，手绘墙画 2 000 平方米，全方位改善人居环境。**在生态环境保护上，**

对河道环境进行改造和提升，增加河岸绿化和美化，对河内卫生环境进行整治；打造红色主题休闲公园。

在基础设施和公共服务设施建设方面，该村着重加强旅游基础设施和配套服务设施建设。该村紧邻308国道、省道210和文莱高速海阳北出口，通村公路可达性良好；村庄内道路平整开阔，路口标识明确；村庄内拥有一个固定停车场和数个临时停车场，可容纳近500辆车辆停靠；游览路线清晰可见。交通行、停方便快捷。村内建有占地约80平方米的游客中心。在游客中心和食堂西侧分别建有A级旅游厕所。村内主要路口处均有明确的场地指示牌，各建筑物有较为醒目的标识牌。游客休憩、游玩没有后顾之忧。

在综合管理机制方面，战场泊村将党支部领办合作社与红色教育相融合，逐步建立完备的体制机制，完善管理服务，努力创建景区化村庄，全面推动

战场泊村道路（水母网图）

乡村振兴。**一是发挥党组织在乡村旅游发展作用。**战场泊村党支部领办合作社引领农业种植园、旅游开发高质量发展。目前战场泊村生态农业种植园是村庄发展、村民致富的重要途径。**二是建立健全利益联结机制。**农民以闲置房屋、土地、劳动力等方式与社会资本联合参与乡村旅游，通过盘活闲置资产，战场泊村种植园和红色民宿可吸收就业劳动力 80 余人。

经过近年来的探索发展，战场泊村发展成果显著，先后荣获山东省"干事创业好班子"、山东省景区化村庄、山东省红色文化特色村、烟台市三星级村庄、烟台市红色旅游景点、烟台市爱国主义教育基地、烟台市红色文化教育基地 2019—2021 年省级卫生村、海阳市基层党建工作联系点、中共海阳市委党校教学基地以及海阳市直机关初心•使命教育实践基地。战场泊村红色文旅项目自正式运营以来，共接待游客 1 万人以上，实现收入 200 余万元，带动 60 余名村民再就业，有效实现了"红色 + 旅游"对接融合、破题发展。

红色文化是战场泊村旅游业赖以生存的基础，为实现旅游业可持续发展，战场泊村发展乡村旅游的经验做法主要体现在以下两个方面：

一是坚持旅游资源挖掘利用的整体观念。邀请专家进行实地调研，结合村庄实际，编制符合村庄发展的详细规划。同时，在开发过程中积极发挥政府指导和调控作用，实现环境效益与经济效益的统一。

二是拓宽融资渠道，加快旅游资源挖掘进程。战场泊村主要通过以下三种途径筹措开发建设资金，解决旅游发展的瓶颈问题：一是加大项目申报力度，积极争取国家的资金支持；二是大力争取金融机构和银行贷款项目；三是营造良好的全民参与氛围，鼓励、支持和引导村民投资参与项目建设。

小地瓜　大产业

——昆嵛镇占昌口村打造产业振兴新典范

烟台市金果农产品专业合作社成立于2010年6月17日，合作社位于烟台昆嵛山国家级自然保护区昆嵛镇占昌口村，注册资本100万元，为省级示范社，现有社员300户近400人，主要从事烟薯25地瓜、昆嵛金果等农产品的种植、加工、配送、食品（含冷冻）研发、销售等项目的经营。2017年合作社积极响应昆嵛山保护区大力发展特色生态农业的政策号召，先后投资近10万元流转土地300余亩，流转方式为出租，流转价格每年每亩100～200元，全部签订了规范的土地流转合同。2018年获得“齐鲁放心果品品牌”称号。

一、强化组织引导，加大宣传力度

在前期与村民的沟通交流过程中，出于对土地以及政策的顾虑和不理解，土地流转的意愿不强。在村“两委”的大力支持下，合作社多次与村民讲解土地流转的好处，在土地补偿款上多次与村“两委”进行认真的分析研究和探讨，先后谨慎拟定了几套可行性方案，一一征求农户代表的意见。最后经过协商，达成了由合作社一年一次付清费用的意向。近五年来，合作社流转300户农户的土地、村集体土地150亩，涉及总款项60万元，已经全部发放到每个农户及村集体账户中。

二、扩宽销售渠道，增强市场竞争力

合作社自成立以来，积极组织参加各类展会，不断扩大市场知名度，并与阿里巴巴、京东、苏宁等电商平台合作，聘请电子商务专业技术人才，加

强网上销售，实现了线上线下多渠道销售，产品远销全国各地，受到了市场的广泛好评。

目前，合作社集“地瓜种植—产品研发—生产加工—多渠道销售”一条龙产业链基本形成。2017 年，种植地瓜 230 亩，年产量 30 万千克，产值 630 万元。2018 年，种植地瓜产量达到最高值，种植地瓜 350 亩，年产量 40.5 万千克，产值 850 万元。其中加工冰烤地瓜 11 万千克，日产值达 4 250 千克，烤地瓜产值达到 176 万元；加工地瓜干 14 万千克，日产值 110 千克，地瓜干产值达到 504 万元；出售生鲜地瓜 12 万千克，年产值在 48 万～72 万元。2020 年以来不断调整产业结构，经与专家分析，开始进行玉米种植。2021 年，玉米种植超 100 亩。

三、提高科学管理水平，实现增产增收

合作社积极与烟台农科院合作，投资 5 万元取得了烟台农科院烟薯 25 地瓜苗培育授权，建设了种苗繁育基地；投资 200 余万元建设了标准化生产厂房，总占地面积 2 500 平方米；取得了食品生产许可证（SC 认证）和“拾薯记”“昆嵛仙薯”两个商标，聘请专业设计公司，为倒蒸地瓜干、冰烤红薯、地瓜芝士、苹果干等系列产品设计了包装；投资 300 余万元购置了地瓜种植、收获、大型清洗、蒸煮、烘干、烤制、打泥、冷冻、包装等地瓜深加工设备，项目总投资 500 余万元，年生产能力达到了 50 余万千克。

几年来，合作社的快速发展带来了显著的经济和社会效益。一是带动了周边村庄土地流转，累计租赁周边村土地 350 余亩，增加集体收入约 35 万元，有力地解决了土地撂荒的问题，提高了土地利用率，实现了土地规模经营。二是厂内从事深加工的长期务工人员达 20 余人，地瓜种植和收获季节吸引了周边村群众来厂就业，季节性解决劳动力 500 余人次，带动了周边群众增收致富。三是通过企业的示范引领，本村及周边村种植烟薯 25 地瓜的积极性明显提高，实现了烟薯 25 地瓜区域种植爆发式增长。四是企业主动承担社会责任，在企业自产种苗充足的情况下，积极支持扶贫工作，为保护区扶贫工作做出了贡献。

以初心　守江山　赢民心

——莱阳市团旺镇光山村党建引领乡村“蝶变”

产业振兴激活发展动力，党群合力共筑幸福景象，2007年以来，莱阳市团旺镇光山村坚持以党建为引领，充分发挥党支部战斗堡垒作用，党群同心、积极作为，引领村庄战胜贫穷、图变图强，带领百姓开拓进取、科学发展，探索出一条属于光山村人的康庄大道。

迎着清晨第一缕阳光，漫步在错落有致的乡间小道上，氤氲的薄雾萦绕在叠叠山峦间，俯瞰而视便能望见光山村“良田美池，阡陌纵横”的乡村美景。光山村是团旺镇最大的村庄，全村共有980户、3 260人，其中党员85人，村“两委”成员5名，耕地3 800亩。村庄既远离交通要道，又远离城区，既没有资源禀赋，也没有区位优势，光秃秃的山峦上零星地点缀着几点绿色，曾是远近闻名的“光”山村。近年来光山村坚持以党建为引领，党群同心，不等不靠，将曾经的“光”山村打造成如今全国法治示范村、山东省省级文明村。

一、心系桑梓，挑起穷村“千斤担”

村容村貌落后、村庄管理混乱、经济负债累累、村民人心涣散，时光倒转14年，这是光山村的真实写照。2007年，面对家人的不解、村民的不信任，41岁的初鹏飞顶住重重压力，毅然决然地扛起了光山村这个“千斤担”，从经商的“大老板”摇身一变成为村子的“当家人”，而他的家也随之变成了村里的议事堂和招待所。

“火车跑得快，全靠车头带。”初鹏飞上任后，迅速厘清村级发展思路，团结带领村“两委”一班人以富民为己任、一心一意谋发展，为的只是“让乡亲们过上好日子”。初鹏飞坚信壮大村集体收入，需先引凤入巢。于是他带领村“两委”成员到处跑企业，终于迎来了发展新机遇。2008 年 1 月，得知青岛有家韩国企业打算在莱阳投资办厂的消息后，初鹏飞立刻与其取得联系、邀请其到光山考察，说服客商将新厂设在光山。当客商提出必须提供充足厂房建设用地的要求时，初鹏飞毫不犹豫地将自己石材公司 500 平方米的厂房无偿借给客商使用一年，并承诺免费为他们拉水、拉电。最终韩国客商被他的诚意所打动，投资 400 余万元的金大皮革厂成功落户光山，成为光山第一家外商独资企业，带动了光山产业的发展，实现了村民家门口就业，光山村民自此迎来了属于他们的好日子。

二、支部引领，探索致富“金钥匙”

为提升村级“造血”能力，光山村党支部在反复推敲、论证下，制定了农业、工业、旅游业一体化发展的美好蓝图。光山村重峦叠嶂，山路上大型机械无法通过，不具备发展旅游的先天优势。但凭着“没有什么就创造什么”的精神，在初鹏飞的带领下，党员干部群众“干在难处”，仅用两年的时间，整修上山道路 4 公里，种植各类树木 4 万余株，同步完善基础设施、健全配套功能、美化村庄环境，“硬生生”地创造出了一个集休闲娱乐、观光采摘等为一体的观光旅游综合项目。2019 年，借烟台市党支部领办合作社的东风，光山村党支部投资 230 万元成立了荣光合作社，以番茄种植为主导产业，占地 5 600 平方米的玻璃温室大棚拔地而起，每年可增加集体收入 10 万余元。此外，光山村合理利用西区 200 亩不适合耕种的土地，建起拥有高标准配套设施和优质服务能力的光山民营经济工业园，先后引入了光山石材、康丽包装等十几家企业，形成了以石材、食品、服装、水泥等为主导的产业链条，解决本村及周边村庄劳动力 800 余人就业。如今，光山村小桥流水，绿意掩映，蔬果飘香，四季如画，是周边向往的“桃花源”，也是“绿水青山就是金山银山”的践行者。

三、党群同心，共建繁荣“幸福村”

做靓“面子”，更要做实“里子”。光山村党支部着眼细微，从与村民生活息息相关的环境卫生、生活小事入手，涵养新时代乡村文明新风。以“传承好家风好家训”为切入点，开展“星级文明户”“好婆婆好媳妇”等评选活动，推出“老年人生活补助”计划，营造全村上下弘扬中华民族传统美德、传递新时代文明风尚的浓厚氛围，推动乡村文化繁荣振兴。充分发挥党员先锋模范作用，建立党员村民代表双联户制度，采取“讲给农民听、做给农民看、带着农民干”的方式，定期开展人居环境卫生整治、困难群众走访慰问等志愿服务活动，成立乐器队、舞蹈队等文化活动团体，不断丰富村民的精神文化生活。借助主题党日，组织党员和村民代表到党支部领办合作社的玻璃大棚开展“采摘”活动，现场检验村“两委”工作成果，有效提升了党组织在群众中的影响力，用真情真心真成绩赢得了党员群众的拥护，也让村民的日子越过越幸福。

在带领群众致富的路上，在守江山、赢民心的路上，光山村党支部一心为民，初心不改……

光山村永远跟党走（莱阳市农业农村局供图）

牟平区姜格庄街道里口山村打造乡村振兴村级样板

一、主要特征

里口山村共203户、342人，党员23人，耕地570余亩，山峦面积7 000余亩，杏园面积约100余亩，杏树多达15 000多棵，与杏结缘已有300多年的历史，素有“十里杏花谷”的美称。按照“讲好一个故事、做好一个规划、办好一个合作社”的发展思路，探索创建乡村振兴牟平样板新路子。

二、具体做法

（一）以集体经济发展为路径，助力产业振兴

根据区和街道的安排，在村党支部引领下，注册成立了烟台市十里杏花谷乡村旅游专业合作社。合作社采取“村集体＋合作社＋村民”的模式，合理确定股份，结成利益共同体，抱团发展。2018年年底，成立“杏林湖”酒业，2019年清明节前成功上市，获得山东省QS认证；24小时新鲜水产业有序推进；同时充分利用杏花资源，发展“杏福蜜”蜂蜜产业。目前，里口山村已经探索形成一条“赏杏花景、采生态果、吃农家饭、饮农家酒、住农家屋、享农家乐”乡村文化旅游产业链。

（二）以党建为核心，助力组织、人才振兴

里口山村党支部按照“一切工作到支部、靠支部”的工作导向，建立了“双培养”先锋模范培养机制，把党员培养成落实带动村集体经济发展的骨干

人员，以打造“十里杏花谷”旅游品牌为目标，党员干部带头出资出力，自筹资金300万元，整修杏花大道，打通了里口山交通瓶颈。该村和滨州医学院、鲁东大学和山东商务职业学院达成协议，将十里杏花谷作为三座高校的大学生实习基地和教学实践基地；成立了全市第一家山村共享书店——再思书苑，书苑藏书近万册，供村民和游客免费阅读。

（三）以乡风文明为支撑，助力文化振兴

里口山村先后投入70万元，修建5 000平方米的文化广场。连续举办了8届杏花节，吸引游客20多万人，同时常年坚持举办广场舞大赛、庄户剧团展演等群众性文化活动。举办“幸福是奋斗出来的——甜杏丰收节”，设置了“杏福”长街宴，让游客与村民同桌尝甜杏、品杏酒、话幸福，共享丰收喜悦，感受幸福文化。同时，把杏文化融入姜格庄特色非物质文化遗产——篮子灯当中，代代相传，为乡村全面振兴提供了精神动力。

十里杏花谷（牟平区农业农村局供图）

（四）以改善环境为亮点，推进生态振兴

里口山村投入30万元，对河道进行清理整治，打造河流景观带；投资300余万元，修建进村新路，并着手打造生态观光乡村旅游精品工程。投入300余万元，在全村实施生活污水机械加管网化处理，解决一直制约农村环境的生活污水问题，全力打造“看得见山、望得见水、记得住乡愁”的生态宜居村庄。

三、有关启示

一是科学规划。充分考虑村庄现状自然条件、经济发展状况、农民生产生活方式和风俗习惯，对全村的基础设施和村中的山林、土地、房屋、“杏”文化及产业布局进行统一规划，针对性打造，逐步实施。形成百户古村居、千亩现代农业、万亩生态山林的生态产业布局。

二是生态优先。注重对河流、山林等生态环境的保护，特别是对饮用水源的保护，协调保护与生产建设的关系。进行雨污管网、线路入地改造，完善公共服务设施、配套设施。村庄规划以周边自然山体及水源为依托，在保护的基础上对周边山体绿地进行合理的梳理，同时充分利用农业田园景观，打造村庄现代田园气息。

三是以人为本。努力提高农民整体素质，着力提高农民的产业化、市场竞争意识，切实增加农民收入。通过规划科学合理布局，做到人与自然的和谐，进一步改善农村生活方式、改善农民居住环境、提高农村生活质量。

四是产业推动。持续推动党支部领办合作社向纵深发展，支持酒厂、水厂等集体企业发展，支持水利项目、现代农业开发，乡村旅游设施建设，引导、鼓励群众入股合作社，共享集体企业红利。支持引进社会资本，鼓励农产品借助网络优势走出去，打造网红品牌，为群众增收致富添新途径。

空心村二次创业　突破发展瓶颈

——蓬莱区西院村“空心村”改造的实践与探索

蓬莱区西院村现有村民 126 户、326 人，耕地面积 1 500 亩，本村人员外流促使农村宅基地和农村房屋资源不断闲置，“有房无人”现象日益突出。在美丽乡村创建活动中，该村以改革的思维创新工作举措，统筹谋划，以“空心村”改造为突破口，按照“空心村二次创业、突破发展瓶颈”的思路定位，多途径、多形式推进农村闲置房利用，真正把农村沉睡的“闲置资源”转化为“发展资本”，全力推进美丽乡村建设，带动了农村产业发展，增加了集体和农民收入。

一、祠堂聚民心，情怀故里惠桑梓

建设美丽乡村为了群众，更要依靠群众。西院村两委干部充分认识要想建设美好家园，必须统一村民思想、发动群众当主角，决定先从修祠堂，聚民心做起。**凸显“能人”的价值。**为更好地调动村庄在外“能人”反哺家乡、支援村庄建设的积极性，该村通过修缮祠堂、重修族谱、召开宗亲大会等一系列活动，先后吸引村庄在外人士 170 人回村叙旧，感受乡愁、忆往昔，激发村民的故里情怀，切实把全村人的心紧紧地凝聚到了一起，筹集资金 40 余万元，为村庄创建美丽乡村提供了第一桶金。**发动“主角”的能量。**统一了思想，就要让全村动起来。西院村将调动和发挥群众的主体作用作为建设美丽乡村的有效途径，通过召开动员会、致村民一封信、入户走访等多种形式，全面宣传发动，营造了全民参与、多方支持的浓厚创建氛围。同时，在村庄环境卫生整治、硬化、绿化、美化等基础工程建设中，积极鼓励和引导广大群众自主自愿投工投资投劳共建美好家园，全村群众累计出动义务工 3 900 余人次，用自己的双手塑造了西院村整洁、有序的村庄形象。

二、规划绘蓝图，集思广益谋发展

在包村部门及镇政府的指导帮助下，西院村结合实际，研究制定了详细的村庄发展方案，美丽乡村建设之前，就将村庄建设规划在村内进行公示，让村民看到变化和希望。召开村民代表大会，广泛听取村民的意见建议，让大家亲自参与规划的修改和完善，每一处改造都当成村民自己家装修来对待。同时，对道路硬化、景观公园等项目进行细致的规划，争取各级部门资金帮扶，保证了各项工作扎实推进。投入 370 多万元，实施了村庄净化、硬化、绿化、美化等工程。硬化村庄道路 15 000 平方米，实现村庄硬化率 100%；设置垃圾箱、配备保洁员，实现村庄长效保洁；修建荷塘景观公园一处，提升了村庄整体形象。筹集 260 多万元，进行平塘清淤浆砌，修建排水渠等农田灌溉设施 900 米。争取到国家级 0.4 万亩农业综合开发高标准农田建设项目，积极启动中低产田改造，新增灌溉面积 1 000 余亩。

三、干部做示范，聚力引领向前行

思想统一了，规划制定了，但说起来容易，做起来难，面对生活过很多年的破旧房屋，很多村民还是难以割舍。为打开局面，坚持“欲为村民立心，先为干部立规”的观念，该村“两委”干部亲自带头，充分发挥党支部示范引领和党员先锋模范作用，采取“边拆除、边建设，边示范、边推进”的办法，推进工作扎实开展。李永祥是村党支部书记，“空心区”连片绿化需要拆除他爷爷在世时住的房子，李永祥积极做通家庭工作，由父亲亲自打开门，让施工队把房子拆掉；石长龄是村妇女主任，硬化拓宽道路首先遇到的是她的老房，老房还住着她的婆婆，她主动把婆婆接到自己家里，带头把旧房拆掉……村干部带头，给群众做了表率，大家纷纷主动加入了拆除行列。

四、规范定标准，统筹推进助增收

西院村不断创新理念方法，不破法规破常规，坚持规范运作，制定详细权益分配标准，有效破除农村闲置资源“重拆旧、轻利用”的固化观念，着力推动“空心村二次创业”改革突破，促进村庄集体增收。**一是分类界定，不破法规。**以“美丽乡村”创建和“违章建筑”拆除为契机，按照《中华人民共和国土地管理法》等法律法规，在全村拆除违章建筑基础上，对农村旧房进行筛选甄别，分别予以分类界定。结合闲置房屋标准，梳理出四大类型的闲置房（即“在外居住”农户旧房、“一户多宅”农户整幢闲置房、“一户一宅”农户部分闲置房、村集体所有闲置房），并建立农村闲置房动态数据库，为闲置房合法合规开发利用打下基础。同时，实施集体收益与统筹考虑相结合，通过召开党员大会和村民代表大会，制定宅基地使用与村集体收益分配相挂钩的村规民约，严格一户一宅制度，凡是一户多宅，不退换老宅基地的，每年的村庄福利减半分配。**二是明确权益，消除顾虑。**该村创新思路，采取“产权归人，管理归集体”的办法，理顺废旧房屋和宅基地的权属关系。一方面，抓住全镇农村房屋确权登记的有利契机，为废旧老房房主或继承人出具相关证明，统一办理土地使用证，保障房主的合法权益，给房主们吃下“定心丸”。另一方面，与房屋主人签订协议书，由集体帮助村民管理废旧房屋，在原址上进行美化、绿化，同时承诺村民和屋主只要符合上级审批条件，日后就可以在原地周围重新进行翻建和使用，真正从长远上消除村民顾虑。**三是因地制宜，分步实施。**该村在改造过程中，坚持“宜留则留、宜用则用、留用结合”的思路，突出村庄特色，既拆除破旧房屋，又保留“乡愁”。从村情出发，因地制宜，划定了4个连片拆除区域，1片暂时搁置不动的旧房区。在拆除区内，拆掉旧房屋，集中建设休闲场所和绿化公园，同时对原有树木进行保留，用原有房屋砖石铺设甬道；在保留区内，对8户民俗老庭院，由集体对房屋进行统一粉刷，内部由房主自行加固，展示村庄历史风貌。通过改造，该村共拆除废旧房屋31户140间，建设休闲公园3处，栽植绿化苗木6.5万株，添置健身器材6套，全方位提升了人居环境质量。**四是合理**

利用，创业增收。西院村根据不同闲置房的类型和条件，最大程度地进行合法利用，注重以发展产业项目为手段，创新多种利用途径或形式，积极创新盘活模式，通过修建平塘和建车库，探索形成了出售、出租、承包、灌溉等“二次创业”经营管理模式，真正使农村闲置资源成为壮大集体经济、促进农民增收的“新源泉”，促进“集体增收”与“农民创收”。**修车库集中出售租赁模式，**在拆除的空心房基础上，村里修建 45 个车库，解决村民农用机械存放难的问题，以优惠成本价卖给空心房拆卸村民和农户，一次性卖出 39 个，实现增收 6 万元，剩余 6 个车库建成农资超市和生活超市对外出租，既方便了村民生产生活，也使村集体每年实现租金收入 8 000 元；**建平塘养鱼灌溉承包模式，**村南 9 间空闲房原来已破壁残垣，地势低洼，成了村内的柴草和垃圾堆放点，影响村容美观，村里在此处修建了存水量 3 万立方米的葫芦形平塘，平塘对外承包放养锦鲤，年实现承包收入 1.5 万元。铺设电力、灌溉设备，辐射平塘周边 800 亩果园灌溉，每年可实现灌溉收入 3 万元；**规范土地承包款模式，**原来的土地承包款收不上来，新一届村委对村里承包地进行重新丈量测算，理顺归属关系，将土地进行分门别类，将原来的承包款统一调整为每亩 80 ～ 250 元之间不等，实现土地承包款上交与村集体收益分配相挂钩，村集体每年实现土地承包款上交 7 万元。通过空心村改造和美丽乡村建设，西院村由原来的空壳村到现在的每年村集体增收 10 多万元，发展村集体经济，也为资助困难户、孤寡老人、村庄管理维护等村公益活动提供经济保障，实现了真正的富民强村。

党群连心强堡垒　党建引领促振兴

——蓬莱区登州街道三里沟村奏响乡村振兴奋进之音

烟台市蓬莱区登州街道三里沟村共有村“两委”成员5人、党员30人，村民248户、588人，是一个有着千年历史的古村落。近年来，三里沟村通过加强党建引领，蹚出了一条村治民安、村强民富的振兴之路。2021年村集体收入87万元，村民人均收入2.8万元，村庄先后荣获省级文明村、省乡村治理试点示范村、省乡村振兴示范村、省干事创业好班子等多项荣誉。

一、抓班子带队伍，强组织筑堡垒

三里沟村以党建工作为引领，充分发挥村“两委”干部和党员、村民代表的示范带头作用，干出了村庄新面貌。**一是强化班子建设，当好发展“主心骨”**。注重村级班子建设，研究制定《三里沟村“两委”工作制度》，明确村干部必须带头学习、带头工作两个“带头”，实行“工作日志式”管理和“记工式”考核，写实性记录服务群众、为群众办实事情况。全面落实村干部周一到周五坐班、节假日值班制度，推动履职尽责。**二是塑强党员队伍，培养担当“主力军”**。着眼于规范党员行为，研究制定《三里沟村党员“十不准”规定》，特别是要求开会时无故未到、迟到的党员下次会上要做检讨，党员参学率始终保持在97%以上。设立34个党员示范岗，组织全体党员开展“红袖章”志愿服务活动，认领为民服务事项50余条。近年来，党员带头，群众自发捐款近5万元用于疫情防控、公益事业。**三是引导村民代表，抓好管理“主阵地”**。深化村民代表“议事决策、联系群众、模范带头”工作机制，每年入户700余次，对包保群众做到生病上门看望，困难上门帮助，纠纷上门调解等，逢党员会、村民活动公开点名表扬、树立威信。每年年中和年底召开两次全体村民大会，研究村庄发展规划，群众与会率达 90% 以上，真正把党的领导贯穿村民自治全过程。

二、兴产业抓项目，统三产谋长远

立足位于 G228 和 G517 国道交汇处、与新汽车站仅一道之隔等区位优势，从一个馒头房做起，借着党支部领办合作社的东风，逐渐形成餐饮、采摘、大棚果蔬综合体产业体系。**一是村办馒头厂挖出“第一桶金”**。村庄要想长远发展，必须要有集体收入的“源头活水”。2018 年春节，村“两委”召开“乡贤恳谈会”，充分征集党员、村民代表意见，达成共识发展面食加工产业。利用争取到的省主食产业化扶持资金，馒头厂于 2018 年 5 月 14 日正式投产，通过生产各类“古槐”品牌花样面食打造“主食产业”链条，利群、振华等商超设置销售专柜，年增加集体收入近 20 万元。**二是党支部领办合作社带领群众抱团发展**。单靠村“两委”干部难以拉动集体经济，村党支部注册成立了古槐种植养殖专业合作社，目前入社率已达 65%，村集体占股 78%、社员占股 22%，建设蔬菜园，种植黄瓜、豆角等时鲜蔬菜；建设 800 平方米阳光大棚 1 个，种植无土栽培的有机蔬菜；建设 2 000 平方米高温高效大棚 2 个，种植番茄、草莓等果蔬产品，年利润达到 10 万元。**三是融合开启产业振兴新篇章**。发展品牌经济，注册了“古槐”商标，设计了包装礼盒，提升农产品附加值。拓展村企合作，建设容纳百余人就餐的“人民公社大食堂”，利用帮扶资金建起民俗博物馆，与蓬莱丰源乳业合作建设果味酸奶厂，延伸了二三产业链条。发展乡村旅游，利用村里的千年古槐和祭树风俗办起了“古槐文化节”，每年吸引游客 2 万多人次；流转 50 多座闲置民居，与专业旅游公司研究打造高端民宿，以多元化的业态助力村庄产业提档升级。

三、正规矩兴文化，倡文明促和谐

村党支部始终坚持发展依靠群众、发展为了群众，不断完善保障体系，提升村民的获得感、幸福感。**一是加强乡风文明建设**。研究制定《三里沟村规民约十九条》，着力规范村民行为；每年定期开展“九九老人节”“婆媳互夸会”家风文化活动，开展“美丽人家”“五好家庭”“好婆婆好媳妇”评比，尊老爱幼、孝老敬亲蔚然成风；组建女子舞蹈队、锣鼓队、秧歌队等文娱团队，每月组织文艺汇演，极大丰富了村民的业余文化生活。**二是加强基础设施建设**。围绕优化村容村貌，先后投入270多万元，硬化道路3万多平方米；投入300多万元，对全村污水管网进行统一处理，彻底清理垃圾死角；投资30多万元，对村内古河道修复。围绕办公服务、文化活动场所建设，投资170万元，建设600平方米的党群服务中心，方便村民生活服务；投资200多万元，建成两处街心公园和1 000平方米的休闲娱乐广场，并进行绿化亮化，真正实现了“百姓住在公园里”。**三是加强社会保障建设**。投资30万元，建设360平方米的老年日间照料中心，给老年人打造了温馨舒适的活动之家、休闲之家；关注弱势群体，实施“春蕾计划”“贫困帮扶计划”，振兴路上一个都不能少；投入30多万元，建成全省一流的综合治理办公室，实现监控全覆盖，村里连续多年没有发生治安事件、没有一起信访案件，创造了路不拾遗的良好环境……

通过抓班子带队伍、兴产业抓项目、正规矩兴文化，三里沟村在党支部一干人多年的努力和发展下，充分利用自身资源，积极寻求突破，在组织振兴的引领下，古村展新颜，奏响了乡村振兴的奋进之音，书写了党建引领乡村振兴的“新答卷”。

石头庄变成了花园村

——栖霞市庄园街道杜家庄村以美丽乡村建设助力乡村振兴

栖霞市庄园街道杜家庄村致力于打造集民俗旅游、民宿、农家乐、观光采摘于一体的乡村振兴新典范。成立党支部领办合作社联社，形成“1+2+N”的产业格局；深挖特色存古韵，保护文化遗产，依托古建筑，打造特色景点，石头庄变花园村；探索村庄历史文化底蕴，成立杜家庄村吕剧团，发扬开荒山、战贫困的“谦和好礼、古韵杜家”的奋斗精神。

栖霞市庄园街道杜家庄村始建于宋代初期，当时有徐氏、邢氏相继居于此处，先名徐家沟、邢家沟，清朝中叶杜氏由杜家黄口迁徙于此，改名杜家庄。近年来，杜家庄村积极探索乡村振兴有效途径，充分利用本村的区位优势，深挖历史文化特色、按照“一村一品、一村一韵、一村一景”的打造思路，逐步探索出一条特色乡村振兴之路。

一、支部领起火车头，奋斗铸就乡风魂

杜家庄村“两委”充分利用街道党工委提供的外出观摩学习机会，在总结全市优秀合作社经验，积极响应市委全域推进党组织领办合作社工作，迅速召开村“两委”、党员大会、村民代表会议，听取广大村民的发展思路、发展对策，集思广益，结合本村实际，探索适合杜家庄村的合作社发展模式。解决了村级自身能力不足的问题，整合了各种可利用的资金和资源，成功领办了果蔬专业合作社，建成 3 个暖冬樱桃大棚和 4 亩露天樱桃，与村内的蓝莓园、火龙果采摘园相结合，杜家庄就形成了一条发展集旅游、观光、采摘为一体的现代化生态采摘园模式。杜家庄村作为栖霞市首批“三变”改革试

点村之一，在原有的党支部领办合作社、股份经济合作社基础上新成立党支部领办合作社联社以及土地、劳务、旅游、置业四个股份合作社，形成了“1+2+N”的产业格局。2021年签约的丹参种植观光项目，规模可达30万棵苗、50亩地。目前，劳务股份合作社已组织20余名成员承接户户通、美丽乡村建设等工程；有10户农户以老房子评估折价入股旅游股份合作社，合作社正在积极对接农家乐、民宿等项目。

二、深挖特色存古韵，石头乡变成花园村

杜家庄村作为山东省美丽乡村建设示范村，始终坚持保护好文化遗产、注重文化振兴，村容整洁、民风淳朴、山峦环绕，自然条件优越，村里古树、古井、古桥均在300年以上，老房子、虎皮墙等古村落元素保留完整，具有

石头村变成花园村（栖霞市农业农村局供图）

发展乡村旅游的天然优势。该村按照“谦和好礼、古韵杜家”的村庄定位，围绕“**生产发展，生活富裕，乡风文明，村容整洁，管理民主**”，致力于“古韵杜家”美丽乡村品牌建设。依托古建筑，以鹅卵石、酒坛石臼、盆花藤蔓等点缀物，将特色景点串联成特有的古韵水墨画。目前已打造成“长青井、傍石槐、状元桥、双子树”等景点，建成1处270平方米的健身广场，栽植乔木花种1 200棵、小叶黄杨和冬青630平方米，种植草坪2 000平方米，安装防腐木栏杆586米，铺装河流石1 360平方米，铺设水泥小件2 200平方米，浆池挡土墙1 600立方米，河道进行清淤，修建挡水坝3处，进行蓄水养鱼，建成1处村碑公园，打造廊架2处、秋千1处，打造亮化工程11 000米、文化长廊360平方米。

三、群众当好主力军，党建引领群助力

杜家庄村在探索村庄历史文化底蕴的同时，把以开荒山、战贫困的奋斗精神，融入新时代乡村文明发展基因，总结提炼了“大气谦和、古韵杜家”的杜家庄精神，并将其融入经常性的爱国主义、集体主义、社会主义教育活动中。通过讲好“双子树”“状元桥”“长春井”“傍石槐”等古韵故事，不断提高村民践行社会主义核心价值观的自觉性；开展“道德模范”“文明杜家庄人”“美丽庭院”等评先树优活动，以培育向上向善的文明村风、良好家风、淳朴民风，不断提升村民精神风貌；成立杜家庄村吕剧团，不仅本村村民踊跃参加，还吸引了周边翠屏街道、松山街道等乡镇共计30余名文艺爱好者加入，成立栖霞市首个农村吕剧团，定期为村民举办吕剧表演，并承接众多商业活动，年均演出70余场，极大丰富了群众精神文化生活。逐步完善农村幸福院、老年活动中心和农村书屋建设，打造起第一条党建文化街，实现了村民文化生活多样化、健身体育活动常态化。

社会组织赋能　催化山村蝶变

——栖霞市庙后镇后许家村加快美丽乡村建设

从2021年11月启动，到2022年9月竣工，后许家村红色主题原创壁画项目历时10个月。烟台现代画院的20余名艺术家长期驻扎在村里，深入挖掘后许家村红色文化和民俗风情，精准提炼、精心设计、精细创作，以创意做笔，以文化为墨，创作出独具乡村风情的红色壁画墙，开创了烟台地区农村主题原创壁画的先河，为栖霞留下了宝贵的文化遗产。

在烟台市委宣传部、烟台市文联、烟台市民政局、栖霞市委市政府、栖霞市文联、庙后镇党委和政府以及村民的大力支持下，烟台现代画院对后许家村的党建成就、村容村貌、村史文化、民风民俗进行了多次考察，在与村"两委"进行了深入沟通后，最终敲定了红色主题原创壁画项目的大体框架。

烟台现代画院的艺术家们没有将创作停留在案头，烟台现代画院老院长刘泽文亲自"挂帅"，带领20余位画家住进后许家村，这一住就是半年多。这期间，他们除了创作之外，其余时间和村民们同吃同住，深入挖掘有着320年历史的后许家村的本土历史文化和红色文化，并将这些收获融入壁画的创作中。

以创意做笔，以文化为墨，画家们扎根后许家村创作出来的独具乡村风情的红色壁画墙，开创了烟台地区农村主题原创壁画的先河，为栖霞留下了宝贵的文化遗产。画家们的敬业和无私付出让很多村民感动不已。刘泽文已年逾八十，依然坚持常驻后许家村指导、协调参与绘制工作的书法家们，不仅如此他还亲自上山考察村容村貌、绘制草图、上墙绘制，即使在高温中暑的情况下也不肯离开。孙少鸣、王德志、周方、冯滨等老书画家年过花甲，依然登上脚架作画。这些画家们用心用情，绘出了美丽乡村最真实而美好的图景。

近年来，栖霞市庙后镇后许家村坚持以党支部领办合作社为切入点，聚焦美丽乡村建设，立足得天独厚的生态资源优势，充分挖掘胶东民俗文化、红色革命文化，大力发展乡村旅游和农家乐，初步探索出一条集生态康养、休闲旅游为一体的特色新农村建设之路。

一、立足镇域特色，发展优势产业

从前后许家村村民收入主要靠果业，产业比较单一，收入主要看苹果行情，哪年碰上霜冻、风灾等自然灾害，收入会受到较大影响，村民生活并不是很富裕，如何带领村民致富奔小康是摆在村“两委”班子面前的头号难题。2017 年后许家村“两委”敏锐抓住了烟台市探索推广党支部领办合作社的契机，结合庙后镇滑石产业，当年 9 月就成立了村党支部领办的栖霞市文凯果

后许家村墙画一（栖霞市农业农村局供图）

后许家村墙画二（栖霞市农业农村局供图）

品专业合作社，发展塑编袋生产项目，全村 137 户村民全部加入合作社，入社比例达到 100%，入社资金达 30 万元，仅用半年时间两条生产线便建成投产。后许家村合作社成为全镇首家实现分红的党支部领办合作社，带动村里 20 余位村民就业，人均年工资收入 20 000 元以上。

二、“三变”改革试点，拓宽发展路径

2020 年 8 月，后许家村作为全市“三变”改革试点村之一，抢抓机遇，按照“三变五合作”的思路，积极盘活闲置的土地、资金、房屋、劳力等生产要素，成立土地、旅游、置业、劳务等股份合作社，组建成立村级党支部领办合作社联合社，为村庄实现跨越发展规划新的蓝图。通过征集村民意见，召开村民代表大会，在乡村整治方面统一思想，明确目标，形成决议，后许家村决定立足得天独厚的生态资源优势，充分挖掘胶东民俗文化、革命红色文化，打造宜居宜游的生态康养特色小镇，着力打造旅游、度假、训练等为

一体的休闲旅游村，重点打造休闲民宿、特色旅游、户外拓展等项目，推动后许家村特色旅游经济快速发展。确定了“一谷一馆一居”的开发布局，就是依托麻旺山谷打造精品采摘园，依托古民居建设乡村记忆馆，开发闲置民房，成方连片打造特色民宿，增加观赏游览趣闻，吸引外界到村旅游、居住。科学规范运营，提炼总结出“十里生态谷·乐游后许家”的旅游品牌，聘请专业设计公司设计标识，同步进行商标注册，确保从一开始就实现品牌化和规范化。深入挖掘文化，重点是花顶山阻击战胶东抗大学员英勇牺牲红色事迹、20 世纪 60 年代战山河修轱辘磨水库先进事迹、“仙人脚”神话故事等。

三、实施惠民工程，建设美丽乡村

后许家村果园全部是山耩地，灌溉难的问题是套在村民头上的“紧箍咒”。2019 年年底党支部决定实施“南水北调”工程，即铺设灌溉管道从轱辘磨水库引水解决果园灌溉难的问题。在党支部的带领下全村老少齐上阵，发扬老一辈“战山河”精神，苦战一个月铺设管道 3 000 米，成功把水源从轱辘磨水库翻山越岭引进后许家村，并配套了水肥一体化设施，彻底解决了全村近 600 亩果园的灌溉问题，每年直接为群众增加果业收入 120 万元以上。截至 2021 年年底美丽乡村建设工作中，后许家村累计投入资金 240 余万元，积极实施乡村绿化、美化、亮化等工程，对村内道路进行改造提升，沿河打造景观带，改善了山村面貌，提升了村庄形象，为发展乡村旅游产业奠定了工作基础。

桃村镇贾家沟村打造美丽宜居乡村样板

桃村镇贾家沟村共有169户、428人，村“两委”成员3人，其中党支部3人，全部与村委会交叉任职，党员12人，耕地866亩，果园234亩，山峦820亩。多年来，该村党支部团结带领全村党员干部群众，加快实施乡村振兴战略，在包帮部门的帮扶下，以“抓党建、惠民生、谋发展、助脱贫”为主线，以提升组织力为突破口，以为群众办实事为抓手，以整治人居环境、促进增收致富为重点，着力治乱治穷、治山治水，加快美丽宜居乡村建设，使该村从“脏乱差”的旧面貌逐步转变为“美稳富”的新气象，成为“从乱到治、从衰到兴”的典型示范村。2010年8月该村迎接烟台市“夯实基层基础年”活动观摩，受到广泛好评。2011年6月该村党支部被中共烟台市委授予“先进基层党组织”称号；2020年12月该村党支部被中共山东省委组织部授予“干事创业好班子”称号；2021年7月该村党支部被中共烟台市委授予“先进基层党组织”称号。

一、抓班子带队伍，构筑坚强战斗堡垒

村庄稳不稳，关键在班子。贾家沟村曾是烟台市重点调度的村级班子软弱涣散村，过去村情复杂，治安混乱，历史遗留问题多，经济实力薄弱。该村长期没有班子，多次组织村“两委”换届选举，都因村庄混乱，没有人愿意当村干部，镇里只得安排机关干部挂职担任村党支部书记，该村成为有名的上访重点村、选举难点村。为尽快摆脱后进状况，在上级党委政府的正确领导下，经过深入考察、理顺关系，2007年11月选举产生了以赵忠祥任书记的村党支部班子，全部与村委班子交叉任职，并在近几届村“两委”换届

中均实现了连选连任。新班子组建后，把“治乱”作为首要任务，采取班子成员分片包户的形式，积极协助镇党委、政府解决好遗留问题，并多次召开党员大会和村民代表会议，统一思想认识，理顺群众情绪，缓解干群矛盾，有效稳定了该村的局势。同时，村党支部狠抓班子自身建设和党员干部教育管理，加强村级事务管理，完善落实各项管理制度，每月召开村民大会，启动“智慧化乡村”建设，让每个村民门前拥有自己专属的二维码，用手机扫一扫，每家的“环境卫生”“敬老孝亲”“奖励处罚”等信用积分一目了然，使村庄达到规范管理经常化、村民教育经常化、文体活动经常化，使村里的各项工作步入正轨，从而凝聚党心民心、改善村风民风、促进和谐稳定，新班子没有辜负领导和群众的期望。

二、办实事树形象，改善生产生活环境

村庄美不美，关键在投入。村党支部采取“包帮部门帮扶一点、上级政府补助一点、村集体筹措一点”等方式进行筹资，在政策资金严重不足的情况下，村党支部书记赵忠祥慷慨解囊，拿出自己经商办厂的积蓄 30 多万元，积极为群众解难题、办实事，改善村民生产生活条件。针对原来的村级组织活动场所年久失修的问题，积极争取帮扶资金，高标准新建 260 平方米的村级组织活动场所，配套办公、娱乐等设施，完善村级工作制度，实现了办公有场所、活动有阵地的目标。针对街道“晴天一身土、雨天两脚泥”的问题，积极争取“村村通”“户户通”政策，发动党员群众义务劳动，对长 3 700 米、宽 5 米的进村路和所有街道进行了硬化、亮化、绿化，整修山路 2 750 米，打通服务群众“最后一米”。针对自来水系统老化废弃的问题，多方筹资建设蓄水池，铺设供水管道，解决了村民“吃水难”的问题，并对 2 处塘坝进行清淤加固，对 2 条河道进行综合整治，修建 6 道拦河坝，增加水浇地面积 450 多亩。针对村庄环境“脏乱差”的问题，定期组织党员干部及保洁员对环境卫生进行集中清理整治，重点清理好“四大堆”，配备了新能源智能洒水车，经常用水洗刷路面；房前屋后花坛里栽种月季、格桑花、紫薇等花草树木；在全市率先推进垃圾分类工作，安装公共分类垃圾桶 35 个，每户发放

红、黄、蓝、绿色分类垃圾桶4个，整齐摆放在家家户户门前，成为村庄一道道亮丽的风景线，严格落实垃圾分类制度，为垃圾分类带了个好头、形成了示范。针对文化生活相对单一的问题，村党支部决定从2020年开始，每年利用农村丰收之余、农闲时节，举办自创的“丰收团圆节”，邀请栖霞市吕剧团等文艺表演团体到村演出，为百姓送上精彩纷呈的文化大餐，并大张旗鼓表彰为村庄经济发展、和谐稳定做出突出贡献的村民，丰富了文化生活，倡树了昂扬正气，吹响了发展号角。

三、抓产业促增收，提升村级经济实力

村庄富不富，关键在引导。拔掉村子穷根，壮大集体经济，成为村党支部书记赵忠祥心心念念想要解决的问题。他挨家挨户走访，与群众深入交谈，主持召开村“两委”会、党员会、群众代表会等11次“诸葛亮”会议，最终确定了适合本村实际的集体经济发展道路，通过探索“三个坚持”，集体经

贾家沟休闲广场（栖霞市农业农村局供图）

济步入快车道，激活了一池春水。一是坚持“走出去”和“请进来”。组织党员干部及致富能手到海阳、牟平等地观摩学习，邀请山东省果树研究所李慧峰等专家学者到村授课指导，提高了干部群众的思想认识。二是坚持顺应大势、抱团发展。积极响应党支部领办合作社的号召，采取“党支部＋合作社＋公司＋农户”的方式，积极与烟台小苹果农业科技有限公司合作，领办了烟台博盈果蔬专业合作社，本着“小步快走”的原则，吸引致富带头人以5个草莓、蓝莓大棚入股，为其提供贷款、建设、销售等服务，并争取资金43万元，利用5亩撂荒地建设樱桃大棚，雇用技术能手加强管理，尽快拉动集体经济增长。三是坚持因地制宜、打造特色。充分利用村闲置房屋、富余劳动力等资源，生产特色产品——聚美源“薯干”，不仅为村民解决了地瓜销售问题，也吸引了年轻村民返乡就业，拓宽了增收渠道。

“雄关漫道真如铁，而今迈步从头越。”如今的贾家沟村正在党支部的带领下，上下同心、左右同步，抢抓机遇、乘势而上，加快美丽宜居乡村建设，争取把贾家沟村建设成为村庄美、村情稳、村民富的美丽宜居乡村新样板！

想干事能干事　村美民富产业旺

——栖霞市西城镇马疃村建设文明乡风

马疃村位于西城镇驻地南3公里处，距离G15高速出入口3.3公里，交通便利，地理位置较好。近年来，马疃村党支部紧紧围绕“党建引领乡村振兴”的工作思路，充分发挥党支部作用，加快美丽乡村建设步伐，团结干部群众队伍迎难而上，攻坚克难，争优创先，用心投身到乡村振兴工作中去，发挥出了党员的先锋模范作用和党支部的战斗堡垒作用，不断朝着“集体强、村民富、生态美”的目标前进。

一、激发党组织活力，文明乡风“有靠山”

打铁还须自身硬。马疃村党支部之前的班子成员，干劲不足，带领群众致富增收的热情和能力不足，导致党员群众对支部信心不足，支部发展萎靡不振、暮气沉沉。2011年，新一届村党支部班子成立后，建强支部成为党支部一班人的首要任务。村党支部书记张学刚通过组织班子成员观看专题片、组织党员干部到栖霞市内外观摩学习、聘请各级市委党校教师和农业技术人员到村授课、严格落实“三会一课”等措施，让班子成员认识到自身发展差距，开阔了眼界和思路，切实提高班子成员的政治意识和发展能力。

风清气正创环境。先后筹资10万余元，规范化建设活动阵地，使党员活动、办公议事、教育培训、便民服务、信息交流有了像样的“家”。建立了村干部值班制度，严格落实“四议三审两公开”制度，在全镇工作中事事领头跑，处处当表率，切实赢得了党员群众的信任。通过一系列“手术式”的变革，村班子内部风气正、人心齐，党员群众气顺了、心静了，努力发展经济、建设“魅力新马疃”已成为党员干部群众的主基调。“这几年，我们村变化这么快，主要是我们有个好班子、有个好支书。”这是马疃村党员群众对村“两委”班子的一致评价。

二、拓宽产业发展路子，文明新风“有盼头”

支部带头谋发展。班子团结了，如何“鼓腰包”成了马疃村班子成员们首先要考虑的问题。2017 年，上级党组织积极倡导党支部领办合作社，马疃村党支部第一个站出来响应号召，领办了栖霞市赫睦果蔬专业合作社，成为西城镇第一批成功领办合作社的党支部。2019 年，征收村民 120 亩土地，加入产业园进行规模种植，为了消除村民忧虑，张学刚带头将自己正处在盛果期的果树砍伐，动员其余 4 名党员首先加入，最终不到一个月的时间，120 亩果园顺利征收完成，栽种了 110 亩矮化苹果树，生长期 5 年，5 年后预计每亩地收入 1 万元，增加集体收入 10 万元。

拓宽思路寻突破。2018 年，张学刚和家人跟团旅游来到淄博，听闻淄川区土峪村、博山区中郝峪村近年来发展较快，便自己跑到村里看看，看了后，张学刚被他们“美丽乡村 + 旅游”的工作思路深深触动，发展乡村旅游在张学刚心中扎了根。2020 年，在一次偶然机会中，一个居住在市里的朋友对张学刚说：“如果能在村里有点儿地，周末带孩子去玩玩，捎带种点菜就好了。”简单一句话，让张学刚有了想法，看到了商机，马疃村距城近又临高速出入口，地理位置优越，平整几亩空地建菜园，让城里人认领，招揽人气，就可以逐渐发展乡村旅游了。有了思路后，他立即召开了党员大会，进一步讨论研究，党员认为这个项目投入少，收效快，可以干干试试。在党员们的支持下，马疃村党支部 2020 年规划建成了“七厘田”项目，将 10 亩地划分成长 8 米、宽 6 米的菜园，也就是老辈儿说的“七厘”，将菜园对外进行认领，分自主管理模式和全托管模式来运营。菜园西侧村民听到消息后，找到张学刚，主动将 2 亩果园送给支部，希望能发挥点价值。有了群众的支持，党员干部信心更足，采用了“认领 1 块菜园 + 配送 1 棵果树”的营销模式，迅速吸引人气。为形成规模建设，菜园东侧栽种 5 亩丹参、南侧栽种 5 亩芍药，北面改建 2 处水塘为“欢乐鱼塘”放养鱼虾，开发垂钓等休闲娱乐活动，菜园旁养殖水鸭，对外售卖鸭蛋，逐渐打造成“七厘田”党建品牌。下一步，将规划建设草莓、樱桃大棚，利用村内空闲房屋，建设民宿，多措并举大力发展乡村旅游，切实增加集体经济。

三、用心用情做服务，文明新风“得实惠”

夯实基础惠民生。一切为了人民、一切依靠人民，支部建设、村庄发展，落脚点还是为群众做好服务。多年来，马疃村党支部多方筹措资金，不断完善基础设施建设，真正为村民办实事。完成村内 1.3 万平方米村巷道路硬化、300 米山路硬化；修建蓄水量 1.7 立方米水塘，建 200 余米塘坝，铺设 1 500 米浇水管道；新建 2 000 平方米的文化广场，安装 LED 显示屏，时时宣传党的最新政策，配套建设篮球场、外置乒乓球台，配备文化健身器材；安装路灯 42 盏，夜晚光照覆盖率达到 90%。2020 年铺设完成自来水和污水管道，村庄覆盖率达 100%。马疃村党支部以建设美丽宜居村庄为导向，不断强化基础设施建设，提升村容村貌品味，提高群众满意度。

党员带头聚民心。“不忘初心　牢记使命”“幸福都是奋斗出来的”红色大字在村民入山口处，时刻提醒党员干部带好头。2020 年新冠肺炎疫情防控期间，干部党员带头值班值守、宣传政策，充分调动广大村民的积极性，不到一周时间，党员群众主动捐款捐物 2.1 万元，志愿参与防疫 160 余人。2020 年 7 月，老党员张国镇的儿子捐款 5 万余元，拓宽入村桥面，在党员干部的带领下，全村老百姓义务出工 150 余人，切实形成了党员干部带头干、普通群众跟着干的良好局面。

发扬红旗渠精神　蹚出富民强村新路子

——亭口镇八联村党建引领乡村振兴融合发展区建设

八联村党建引领乡村振兴融合发展区在各村党支部的带领下，积极响应乡村振兴战略，发扬红旗渠精神，自力更生、艰苦创业，大胆探索村党支部领办合作社模式，实现了村庄由乱到治、产业由废到兴、群众由散到聚的转变，走出了一条山区贫困村振兴发展的新路子。

亭口镇八联村党建引领乡村振兴融合发展区，辖衣家、复兴等村，面积27平方公里，人口4 171人，党员271名，山峦1.6万亩。2017年，烟台市委、市委组织部，栖霞市委相继提出党支部领办合作社发展壮大村级集体经济，亭口镇宣传发动，因势利导，衣家村率先探索，在一无区位优势、二无自然资源、三无年轻劳力的条件下，短短的一年半时间，通过村党支部领办合作社，有了水，有了路，有了产业支撑，群众由散到聚，整个村庄发生了翻天覆地的变化，周边村也在衣家精神感染带动下成立了村党支部领办的合作社。

一、坚持党建引领，汇聚发展合力

始终把组织振兴作为引擎，整合资源、凝聚力量，打造乡村振兴的先行区、示范区。**一是高位统筹促建。**作为全市重点项目，连续两年列入“三重”工作，成立高规格领导机构，市委书记亲自挂帅，副书记、组织部长、分管农业的副市长牵头组织，12个职能部门认领任务，先后17次会议研究调度、现场办公，累计解决60多个难题。镇村两级党组织书记，坚持“不等不靠、大干快上”，推动片区建设加速推进、快见成效。**二是高标准融合共建。**按照“融合一切”的原则，将省乡村振兴服务队、市县包村部门、第一书记等资源，以及各级涉农资金、政策等，整合捆绑、打包投放，聚少成多、攥成拳头，已累计落实资金 3 000 多万元，撬动社会资本 2 000 多万元，8 个村自来水、道路硬化、通信及电力设施、深水井等全部配备到位，彻底告别缺水少路的历史。**三是高效组织联建。**片区成立党总支，统辖 8 个村党支部，并根据党员专长，筹备成立樱桃种植、环境整治、电子商务等 5 个特色党支部，构建“1+8+5”组织体系，为片区建设注入“红色动能”；建成衣家村史馆和“三同”教育基地，陆续迎接参观学习 10 万余人；拍摄专题片《衣家村的路》、现代吕剧《衣家人》，放大衣家精神、激发斗争精神；筹资 1 300 万元，高标准改造提升 8 处村级活动场所，统一配备办公座椅、五务公开栏、党建刊版、“五簿两册”等；投资 1 000 万元启动建设片区党群服务中心，建设成为美丽乡村标志性建筑，改善村级形象，筑牢活动阵地。

二、坚持产业联兴，夯实发展实力

始终把产业振兴作为保障，立足当地、搞出特色，联动发展、做强产业。**一是规划先行。**创建之初，明确提出“八村融合、一体联动”思路，聘请专业公司精准规划、国内知名设计团队精心打磨，确保规划可操作、易落地；坚持差异化发展，不搞“一刀切”，除大樱桃、苹果两大主导产业外，片区 8 个村均已发展各自的特色产业，比如衣家村藏香猪生态养殖、占疃村天鹅绒种植、复兴村民宿旅游等，做到“一村一品、百花齐放、各显异彩”。其中复兴村民宿大食堂自建成投入使用以来，年可接待游客一万多人次，间接为村创造经济收入 10 万元以上。**二是做大产业。**将整个片区规划成苗木、种植、采摘、交易“四大板块”，推动大樱桃产业提档升级。先后建成 1 处 20 亩的新品种苗木示范园，规划 12 处采摘园；发展电商、微商等 200 多家，年销售 200 万千克，带动群众增收 600 余万元；引进社会资本 2 000 万元，新建 60 亩、容纳商户 500 个的批发市场，建成后首次交易额达 7.9 亿元，一揽子解决群众卖果难、乱搭乱建、占道经营等问题。**三是绿色发展。**秉持“环保、绿色、无公害”理念，探索引进玉木耳循环经济项目，菌棒由废弃大樱桃、苹果枝条制成，到期菌棒还可作为肥料再利用，所生产玉木耳身价为黑木耳的 3 倍以上，收益高、回本快。推进中，衣家村率先建成 9 个大棚，木耳上市后颇受市场欢迎；针对成方连片土地少的现状，跳出片区谋发展，在区域外流转 50 亩土地，采取“八村入股、企业援助、集中经营、按股分红”方式，筹资 1 000 余万元，筹备建设 46 个木耳大棚，每年每村增加集体收入 10 万元以上。

三、坚持生态为本，做美发展环境

始终把生态振兴作为底牌，党员示范、民众参与，既留得住绿水青山，又记得住乡愁。**一是党支部打前站。**充分发挥村级党组织战斗堡垒作用，无论拆违治违，还是美化环境，都让党组织站前台、村干部先出场，汇聚片区建设伟力。在保留胶东特色风貌的前提下，对 8 个村现有设施进行改造，以小景观为主，变废为宝、化零为整，累计粉刷墙面 4 万平方米，栽植绿植 1 万余棵，安装木质景观栅栏 6 000 余米，硬化山路 8 000 多米，浆砌花墙 8 500 立方米，做到整体划一、和谐美观。**二是党员干部冲在先。**建立村干部联片、党员联户制度，村干部主动认领创建任务，在违建拆除中更是抢在先、带头干，马家窑、占疃村党支部书记带头拆除自家车库，示范带动党员、群众自发跟进，形成“支部一招呼、党员干部齐响应”的喜人局面，目前村民自发拆除乱搭乱建，清理垃圾 700 余吨，实现和谐拆违、平稳整治。**三是片区群众靠上干。**坚持“由外到内、层层递进”，通过镇党委规划出资、村级组织实施，统筹推进违建拆除、美化绿化亮化工程，片区整治热火朝天，面貌焕然一新，群众看在眼里、急在心上，逐步由“反对”到“点赞”、变“要我拆”为“我要拆”，参与积极性高涨，短期内创建出 170 个美丽庭院示范户，营造了“美丽片区、干群共建”的浓厚氛围。